生活・福祉・保育
──研究の軌跡──

米山　岳廣　著

文化書房博文社

リフレクション
—謝　辞—

　大正大学を卒業するとき「研究科に進学するのなら研究室を手伝ってみませんか」と、主任教授の柏熊岬二先生（社会病理学）から声をかけていただいたのがこの道に進むきっかけとなりました。副手を2年間やった後、助手となり引き続き研究を続けることが可能となりました。

　当時の研究室は、毎年外部からの委託研究を受けており、研究方法や論文の書き方等を学ぶことができ、研究業績も自然に増える結果となっていきました。最初の著作は、昭和53年に大修館書店の「講座・現代と健康」（全10巻））別巻3巻「福祉と健康」（宮坂忠夫編）に執筆することができました。これも柏熊先生のお世話によるものでした。柏熊先生との出会いが私を研究者へと導いてくれたように考えています。

　また、学部3年の時から、精神医学のご指導をいただいた佐竹隆三教授（実験衝動診断法）には「神経症論」「精神分裂病論」等を懇切丁寧に教えていただき、病院臨床への大きな動機付けとなりました。

　助手時代からは回生堂病院（山梨県）へ非常勤で勤務するようになりました。院長の功刀潔先生（精神医学）は自由な院内での活動を許可してくださり、統合失調症の患者さんの積極的精神療法にあたり、患者さんから多くのことを学んだように思えます。この病院での臨床を通して「疾病と貧困」の問題が私の中で大きくなり、社会福祉への関心が高くなっていきました。

　学部から社会学、社会福祉学、精神医学、臨床心理学等を学び、自分自身のアイデンティティが定まるようになったのは、社会福祉学科主任教授の重田信一先生（社会福祉運営管理論）によるところが大きかったと考えております。

先生には教授法や社会福祉学会への入会でもお世話をいただき、初めての単著にお言葉を寄せていただきました。

　また、瓜巣一美先生（児童福祉論）には助手時代から現在まで変わらぬご指導をいただいております。立正大学保育専門学校ではじめて講義を担当することになったのも先生のご配慮によるものでした。その頃、先生は私に「帰ったら1行でも文章を書き、1頁でも本を読んでから寝るようにしている」と話されたことを今でも鮮明に覚えています。この言葉が大きな励ましになっております。

　母校を離れ、勤務先の大学は変わりましたが、次のような研究会に参加することができ、多くの先生方と共同研究することができました。私の業績の多くはこれらの研究会から生まれたといっても過言ではありません。

実習問題研究会（漁田俊子、小館静枝、小林育子、鳥海順子、長嶋和代、西方栄、山田美津子）

ケアワーク教育研究会（東奈美、泉順、大竹智、川廷宗之、亀山幸吉、小松啓、佐々木浩子、土岐祥子、船水浩行、前納弘武）

心身障害児・者文化活動研究班（大塚秀高、小野剛、工藤傑史、春山廣輝、細川かおり、福田幸夫、増田公香、森脇賢司、渡辺幸雄）

家族援助研究会（阿部和子、大久保秀子、斉藤正典、杉崎敬、田中利則、鳥海順子、長嶋和代）　　敬称略

　このような機会を得、多くの先生方から教えを受けながら学究生活を40年間も続けられたことに幸せを感ずると共に、恩師、同僚の先生方、学生の皆様に心より感謝申し上げます。

　　　　　　　　　　　　　　　　　　　平成30年　春　　　米山　岳廣

目　次

リフレクション―謝　辞―……………………………………………… 3

第Ⅰ部　社会福祉へのまなざし

第1章　社会福祉の基礎 …………………………………………… 9
　1　現代社会と社会福祉 ………………………………………… 9
　2　社会福祉を学ぶ意味 ………………………………………… 12
　3　生活問題論の視角 …………………………………………… 16

第2章　社会福祉の歴史と概念 …………………………………… 25
　1　慈恵的救済の時代 …………………………………………… 26
　2　慈善事業の時代 ……………………………………………… 28
　3　社会事業の時代 ……………………………………………… 30
　4　厚生事業の時代 ……………………………………………… 34
　5　社会福祉の時代 ……………………………………………… 35

第Ⅱ部　他者を支える技術（アート）

第3章　個別援助技術の理解―ケースワーク― ………………… 43
　1　社会福祉における人間理解 ………………………………… 43
　2　ケースワークの歴史と定義 ………………………………… 46
　3　ケースワークの展開過程 …………………………………… 50
　4　ケースワークの原則 ………………………………………… 56

第4章　面接の構造と技法―かかわりの基本― ……………………… 59
　1　施設における処遇 …………………………………………………… 59
　2　面接の構造 …………………………………………………………… 62
　3　面接の技法 …………………………………………………………… 66

第Ⅲ部　共に生きる社会へ

第5章　知的障害者の文化活動
　　　―社会参加を促進する一つの方法― ……………………………… 75
　1　障害者文化活動の意義 ……………………………………………… 75
　2　文化活動を生活の豊かさのために ………………………………… 83

第6章　精神科長期在院の問題 ………………………………………… 93
　1　問題提起―山梨県における長期在院者の実態 …………………… 93
　2　精神科長期在院者の形成過程 ……………………………………… 99
　3　健康と自由 …………………………………………………………… 101

第Ⅳ部　子どもに最善の利益を

第7章　現代社会と保育 ………………………………………………… 105
　1　保育とは ……………………………………………………………… 105
　2　子どもと家族の現在 ………………………………………………… 107
　3　保育ニーズの拡大と多様化 ………………………………………… 110

第8章　子どもの病気と障害 …………………………………………… 115
　1．保育へのケアリング視点の導入 …………………………………… 115
　2．障害と疾病の関係 …………………………………………………… 117

3　現代社会における子ども医療 ……………………………………… 120

第Ⅰ部 社会福祉へのまなざし

第1章　社会福祉の基礎

1　現代社会と社会福祉

　現代社会の特徴は「大衆化」「管理化」「情報化」「国際化」「不健康」等の言葉でしばしば表現されているが、トフラー（Toffler A.）は「未来の衝撃」の中において、現代社会を「加速化」といった視点からとりあげて詳述している。
　加速化は交通機関発達史を少しひもといてみただけでもわかる。たとえば、紀元前6000年ごろ、人間を遠くに運ぶ最も速い交通機関といえば、時速平均8マイル（約13キロ）のラクダの隊商であった。紀元前1600年ごろになって、初めて最高時速20マイルの二輪馬車が発明された。1825年最初の蒸気機関車が発明されたが、その最高速度はせいぜい13マイルであった。1880年代になって、さらに進歩した蒸気機関車が発明されやっと時速100マイルを出せるようになった。この記録を達成するために、人間は100万年以上も費やしているのである。その後時速100マイルの壁を4倍にするのに、わずか55年しかかかっておらず、1938年までには飛行機が時速400マイルの記録を樹立した。この時

速400マイルの記録を倍にするのに、またもや、たった20年しかかからなかった。そして、1960年代までにはロケットが時速4000マイルに近づき、宇宙飛行士は時速18000マイルのスピードで地球を回っていた。このように通過した距離や到達した高度、発掘した鉱物、動力化した爆発力は、はかろうとしてもしなくても、同様な加速的傾向があらゆるところに明らかに見られるのである[1]。

表1－1　社会福祉サービスを必要としている人々

種　別	概　数	備　考
生活保護人数	216万4000人	平成27年被保護者調査
生活保護世帯	163万世帯	〃
要保育児童	214万3000人	平成28年福祉行政報告
要保護児童	3万4000人	平成27年　社会福祉施設等調査 平成28年　福祉行政報告
非行少年	58万4000人	平成28年　少年非行の概要
要介護認定者	621万5000人	平成28年　介護保険事業状況報告月報（4月）
認知症高齢者	平成24年　462万人	新オレンジプラン
軽度認知障害（MCI）	平成24年　400万人	
ひとり暮らし老人	655万9000人	平成28年度　厚生行政基礎調査 国民生活基礎調査
身体障害児・者	386万4000人	平成23年　全国在宅障害児・者実態調査
知的障害児・者	62万2000人	
精神障害者	392万人	平成26年　患者調査
患者（入院）	132万人	〃
（外来）	724万人	〃
父子家庭	8万4000世帯	平成27年　国勢調査
母子家庭	75万5000世帯	
完全失業者	181万人	平成29年　労働力調査（10月）

あらゆる物事が加速化されている現代社会では、人々の生活にもさまざまな変化が生じてきている。かつて個人が慣れ親しんでいた生活が次第にくずれ、既存の文化や方法、個人的経験もあまり役に立たないような状況が出現しやすくなってきているのである。そのために社会に適応するための期間——換言すれば児童期や青年期が必要であり、延長化されるのである。この労働を猶予された期間——モラトリアムが存在するのが現代社会のひとつの特徴でもある。そしてこのモラトリアムは社会が複雑になればなるほど、また高度化すればするほど引き延ばされる傾向にある。高等学校や大学への驚くべき高い進学率はそれを雄弁に物語っているように思える。

　加速化する現代社会は地理的移動をも容易にし、社会的移動も頻繁になっている。転勤や転職も多くなり、慣れない新しい土地での生活は生活様式や慣習の違いにより、人々に精神的不安や動揺を与えるのである。

　このように人生における多くの移動に象徴されるように、現代社会においては他者との結びつきも固定化されているのではなく、一時的で浅いかかわりになっている。だからアパートの隣人が亡くなって白骨化して発見されたという異常な出来事まで出現しているのである。

　現代社会に生きる人々は、異なる価値観や生活様式にとまどい、孤独感や疎外感にさいなまれている。このような状況の中で、一人で生きていくことが困難な人々——換言するならば社会福祉のサービスを必要としている人は意外に多いものである。表1-1は社会福祉必要者の概数をまとめたものである。このような数値からも現代社会において、社会福祉は決して他人事ではなく、自らとかかわりをもつ身近なものであることがわかろう。

2　社会福祉を学ぶ意味

社会福祉について　　　　　　　　　　　　　　　　浦田　香奈（学生）

　人間は一人では生きてはいけない。私達の気付かない所で、生まれたときから、多くの人の世話になっていると思う。社会福祉もこれと同じではなかろうか。普段、"福祉"などと耳にすると、異次元の様で、重たいテーマな様な気がする。しかし、これからの高齢化社会に向けて避けられないことと思う。日本では、高齢者は増加傾向にあるにもかかわらず、ボランティアの数は不足している。実際、私も、ボランティアというものの経験は一度もない。それはボランティアというものが身近に感じられないせいかもしれない。

　今は健康だから気付かない点もたくさんあると思う。そして心のゆとりがなく他人のことまで中々手が回らない。だが人間は一人では生きていけない。助け合わなければならないのだ。一人一人が優しい気持ちをもって暮らしてゆけば、福祉の面でも前進するのではないでしょうか。

社会福祉について　　　　　　　　　　　　　　　　三上　佳子（学生）

　ここ最近、日本では高齢化社会を迎え、常に、社会福祉が問題になっていると思います。社会福祉といっても、老人や障害者の方、援助を受けている方など、さまざまな範囲にわたると思います。

　日本は、経済が伸びても、福祉の面では、他の国々にだいぶ遅れをとっていると思います。私は小学校6年間知的障害を持つ女の子とずっと同じクラスでした。小さい頃は少しイヤな気持ちで接していたかもしれませんが、高学年になるにつれ、どう接すればよいか、どうしてあげればよいかなどと考えるようになり、そのおかげでなにか大切なもの、人間として私が持っていなかった大切なものを得たように思います。これからの日本の社会福祉を考えるのは私

達です。それにはまず、誰もがボランティアができたり、老人に席をゆずったり、そんなことを普通にできる環境をつくるのがこれからの課題なのではないでしょうか。

　学生のレポートからも共感や共存の姿勢をみいだすことが可能である。今、人々のなかにボランティア活動への熱いまなざしがある。ボランティアとはボランタリーな人ということであり、「自発的な」「自由意思による」あるいは「志願兵」という意味であった。ボランティアは、一般的には、自発的な意思に基づき他人や社会に貢献することをいい、その基本的な性格としては、「自発性（自由意思性）」「無給性（無償性）」「公益性（公共性）」「創造性（先駆性）」がいわれている。

　山梨県民2500名を調査した結果から実証したいと思う。ボランティア活動に関心のあるものは約7割に達し、実際にボランティア活動に参加したものは4割を示し、今後ボランティア活動に参加したいとするものは過半数を超えている。（図1－1・2・3参照）このようなことから、いかに多くの人々があたたかい思いやりをもって、相互に支え合おうとしているかがわかろう。

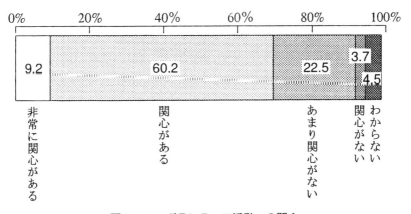

図1－1　ボランティア活動への関心

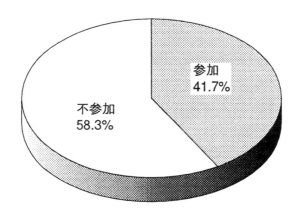

図1-2 ボランティア活動の有無

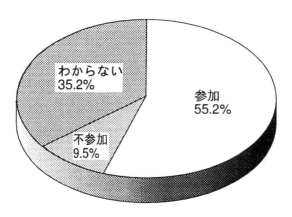

図1-3 ボランティア活動への参加意思

　福祉国家以前にあっては、ボランティアは極めて限られた人々が慈善的精神により行う行為であり、対象は恵まれない人々であった。その後、福祉国家を目標とした時期には公的責任が重視され、特に福祉の分野では公私分離の原則が強調された。したがってこの時期のボランティアには、公的政策に対する残余的役割が期待された。しかし福祉国家の体制が、社会保障の充実とともに次第に整備されるにしたがって、従来とは異なる意義が強調され始め、さらにそ

の活動の範囲も様々な領域に及び、国の内外を問わず活動する人々も増加していったのである[2]。

　社会福祉を学ぶのは何も社会福祉の専門家になるためだけではない。現代社会は複雑で、人間性が疎外されやすい冷たい社会だといわれている。一人の力だけで生きていくには困難なこともあろう。社会福祉を学ぶということは社会福祉の制度やサービスについても知ることである。まさに知識は力である。老人や障害者が社会資源を活用することによって、よりよい生活をおくることも可能となろう。

　さらに、社会福祉を学ぶということは社会福祉の考え方を理解することでもある。ある社会福祉協議会の玄関に次のような詩が掲げられていた。

　　　　育ちあう心
　歩み入る人に　やすらぎを
　去り行く人に　しあわせを願う心
　来るものは　拒むことなく受けとめ
　去るものも待つ　おおらかな心
　求めるものには　惜しみなく与え
　求めざるものには　その時を待つ心
　自ら拓くものには　さらなる励ましを与え
　拓かざるものには　ありのままでよしとする心
　およそ人は人を支配できないが
　関わりあうことによって　育ちあうことはできる
　人を育てることは　ともに高めあうことである
　共感と共育こそ　自己実現の道程である
　人は　自ら気づき　考え　行動することによって
　はじめて　輝く喜びを知ることができる

社会福祉の実践を象徴している言葉である。福祉の心は、一人ひとりをかけがえのない存在として認め、その人のペースで生きることを尊重し、お互いを理解し、支えあい、協力し合うことによって住みよい社会を形成していくことだと思う。そんな共感と共存——あたたかい連帯感を学んでほしいものである。

森井利夫は自らを生かすことと、他者を生かすことの同次性においてのみ、人間の共感と共存は可能である。社会福祉は究極において、人間らしい生を追い求める道にほかならないと述べている。

3 生活問題論の視角

(1) 生活の理解

生活という言葉はあまりにも身近な言葉であり、包括的な使われ方をするために、同時にまたとらえがたさをももっている。学問的領域からみても、境界線上に位置づけられることから統一的理論を形成するまでにはいたっていない。

しかし、わが国においては高度経済成長以来新しい生活上の問題が次々と発生してきており、新たに「生活」の次元から人間の福祉をとらえなおすことによって、現在の社会福祉の現状を理解することも可能ではないかと思われる。

一番ヶ瀬康子は、生活とは「生命活動の略」であり、日常的継続性をもっている。それは、死に至るまで一瞬の休みもなく、一定のリズムをもって展開している。また、その過程において、成長がなされる。と同時に、継続性を保持するためには、生命の保持が不可欠であり、それはさらに生殖によって、つぎの世代に継承されるものであると定義し、主体的に労働を基軸としながら環境にはたらきかけつつ労働力を支出し、しだいに文化的・精神的なものを含めて、多様な生産・創造を行いつつ展開されるものであり、歴史的・社会的性格をも内包している。それ故、その展開過程においてひずみや障害が生じ、人間

としての生活・生産自体に解体化がおき、日常的継続性にも混乱が生じてくるといっている[3]。

　この生活をトータルに把握するための理論的枠組みとしての「生活構造論」に着目し、生活問題を理解する手がかりとしたい。

　まず柏熊岬二と米山岳廣の生活構造の考え方について紹介したい。

　人間の生活とはさまざまな行動の複合体であり、行動は生活主体（パーソナリティ）と環境の相互作用によって生ずる。そして、その行動は成長するにしたがい、ますます複雑多岐に分化してくるが、個人のレベルで考えるならば、過去の経験と現在の状況と未来の展望に規定されて、特定の生活パターンに固定される傾向がある。この生活のパターン化を生活構造ということができる。

　ところで、生活の場を大別すると次の三つに分けて考えることができよう。第1の生活の場は家庭である。それはあらゆる人間にとって生活の基盤としての意味をもっている。特に子どもや老人・病者といった保護が必要とされるものにとってはその意味あいが強まる。

　第2の生活の場は職場（学校）である。これは社会的なおとなにとって時間的にも意識的にも最も大きなウェートをもって生活の中にのしかかってきている。元来、職場や学校は特定目的を遂行するための機能集団であり、主体的に選択することのできる場であったが、障害者や老人・生活困窮者にとっては選択の幅は狭く、圧力の大きな場となりやすい。

　第3の場とは上記のいずれにも属さない場をいい、それは拘束のない自由な余暇生活としてとらえることができよう。

　さらに、生活を機能の側面より考えねばならない。やはり、生活の場と対応して三つに大別することができよう。第1がパーソナリティの情緒的安定という1次的機能であり、第2が知的技能の修得や、生活の資を調達するといった目的的な2次的機能であり、第3がエネルギーを発散し、ストレスを解消する緊張処理的機能である。そこで、生活場面を機能的側面とクロスさせると図1

Ⅰ，Ⅱ，Ⅲ：生活の場
1，2，3：生活機能
0：生活主体

図1－4 生活体の構造

－4のようになる。すなわち、それぞれの生活の場には三つの機能的領域が存在するということである。もちろん、その場合、第1の生活の場では1次的機能が、第2の生活の場では2次的機能が、第3の生活の場では3次的機能が中心となることはいうまでもないことである。そして、それらが他の機能的領域とバランスがとれているときを健全な生活と考えることができよう。

このような枠組みから例えば社会福祉の対象となりやすい老人の生活を考えると、第1次領域は加齢によりひとり暮らしになったり、核家族化の進展により老夫婦のみの家庭生活になる場合も多くなっている。第2次領域でも労働能力の衰退や、職場の喪失から退行していく。逆に第3次領域は第2次領域の縮小に反比例して、拡大することが多いが、真の人間性の回復と自己実現のために余暇を建設的に過ごしている老人は多くないのではないだろうか。以上のように老人の生活は各生活領域が異常に肥大したり、退行したりして、バランスを欠いているといえよう。

また、副田義也は資本主義社会における生活構造を次のようにとらえている。生業労働の場合、労働力の生産→労働力の販売→労働力の消費→生活手段・サービス・生産手段の生産→生活手段・サービスの購買→生活手段・サービスの消費→ふたたび、労働力の生産→……となる。また、家事労働の場合、労働力の生産→労働力の消費→生活手段・サービスの生産→生活手段・サービスの消費→ふたたび、労働力の生産→……となる。二通りの労働のそれぞれの場合の循環式の複合は、購買および生産された生活手段・サービスの消費と労働力の生産が共同で行われるところではたされる。ここにみいだされる共同性は、家族社会学などが注目してきた「生活の共同性」にほかならない。さらに、

労働をしない子どもたち、老人たち、病人などがいる。かれらは労働をしないので、労働力を、もう一度生命におきかえてつかう。すると、かれらの生活は、生活手段・サービスの消費→生命の生産→生命の消費ということになろうか。この関連は循環をしない。そうして、この関連は、生業労働や家事労働によって生活手段・サービスをたえず供給されることにより、日々においては維持されている。いいかえれば、それも「生活の共同性」のところで、二通りの労働の循環式の複合にくみこまれる。以上を理解の便をはかり図式化すれば図1－5が得られる⁽⁴⁾。

このような生活における再生産活動の循環的パターンとしてとらえる視点から例えば障害者の生活を考えてみると、障害があるために再生産活動が行いにくく、循環しないところに問題があるといえよう。まさに重症心身障害児などはその典型といえる。

このように社会福祉の対象となるような人たちの生活には退行や循環しない

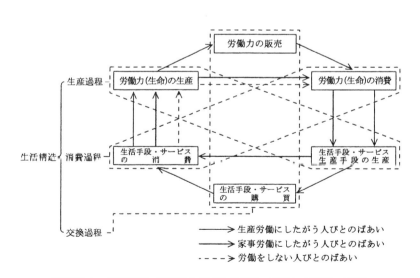

〔青井和夫・松原治郎・副田義也編『生活構造の理論』有斐閣, 1971〕

図1－5 生活構造―資本主義における場合

といった生活上の問題が存在することが理解できたことと思う。

（2）生活問題の理解

　生活問題とは健康で文化的な社会生活の営みを阻害するような問題が社会的広がりをもって生成している場合を意味し、貧困・失業・疾病・劣悪な労働条件等はもっとも伝統的、一般的な生活問題である。最近では公害問題や環境破壊問題、さらには生活問題に直結するような生活不安要因の深刻化、拡大化が指摘されている[5]。ここではまず生活問題の発生過程について考えてみたい。

　資本主義社会において生活問題が最も集約的に出現してくるのは労働者階級である。生産手段をもっていない労働者は、資本家に自らの労働力を売り、その賃金で生活に必要な物資を購入し、それを消費することによって、再生産活動を展開することがはじめて可能となってくる。（図1-6参照）このように考えると、生活を成り立たせるうえでまず重要なことは労働力の有無とそれが正当に評価され、健康で文化的な生活が営めるような賃金が支払われることである。たとえば、病気になれば働くことは不可能であろうし、働かなければ収入が減り、生活が苦しくなっていくことであろう。障害者にも同じことがいえる。身体が不自由であるために職場が少なかったり、たとえ働くことはできても労働能力の低さから、生活を維持するのに十分な賃金を得ることはむずかしいのが現実ではなかろうか。このように労働力を再生産できるだけの必要十分な額でなければ、生活は、循環できずに、縮小や退行がおき、生活に障害が生じてくるのである。いわば生活問題が出現してくる

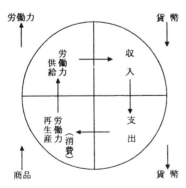

〔奥村忠男「労働者の生活構造について」日本労働協会雑誌24号，1961〕

図1-6　収入と労働力の循環構造

のである。

　ひとたび生活問題が出現すると、生活を共にする家族や世帯は、その問題を解決しようとさまざまな対策を講じるであろう。家庭内で生活問題に対処する一般的形態を私的扶養という言葉で表現するならば、生活問題は私的扶養の必要量が供給量を上回った時に出現し、そのような状態になると扶養を受けるものに生活上の困難や不自由が発生してくるのである。供給量の減少、必要量の増大の一方あるいは双方が生じて、供給量が必要量を下回る事態がある程度持続的に存在するとき、あるいは持続するであろうと予測されるとき、社会がその事態を解決、予防の必要がある問題として措定すると、それが生活問題となる。この措定は、私的扶養の不足を社会による公的扶養で補完するところに示される。その公的扶養が社会福祉である[6]。生活問題別に社会福祉の分野を整理したのが表1-2であり、現代の社会福祉は問題別に細分化され社会的施策がなされている。

　さらに、ライフサイクルの視点から生活問題について考えてみたい。

表1-2　生活問題別事業

	問題の類型	対象の性格	分野名(通称)
原初的な問題	貧窮者(生活困窮者)(低所得者)	労働力再生産の破壊	生活保護事業 経済保護事業
分化した問題	児童 婦人 老人 疾病 身体障害 知的障害 非行	未来の労働力 市場価格の安い労働力 衰退した労働力 一時的な欠損労働力 永続的な欠損労働力 永続的な欠損労働力 社会的不適応労働力	児童福祉事業 婦人保護事業 母子福祉事業 老人福祉事業 医療社会事業 身体障害者福祉事業 知的障害者福祉事業 更生保護事業
一時的な問題	災害 戦争被害		災害救助事業 戦争犠牲者援護事業

〔一番ヶ瀬康子『社会福祉事業概論』誠信書房，1964〕

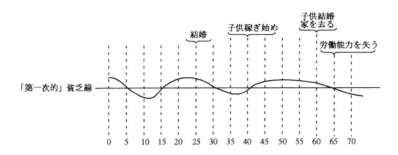

〔Rowntree B.S. 長沼弘毅訳『貧乏研究』現代のエスプリ第52号至文堂，1971〕
図1－7　労働者のライフサイクル

　ロウントリー（Rowntree B. S.）はイギリスのヨーク市で家計調査を行い、労働者の生活は困窮時と経済的に比較的余裕のある時期があって、生涯のなかで五つの時期に区切れることを発見した。

　すなわち、まず、少年期にあっては、父親が熟練労働者でない限り、貧乏生活をすることは当然といってよい。この貧乏生活の期間は、子ども自身（兄弟姉妹を含む）が、自分で稼ぎができるようになり、補助的収入者として、父親の賃金収入に寄与することができるようになるまでつづくのがふつうである。そこで、かれらの家庭は、ようやく貧乏線の上に浮かびあがるわけである。この状態はしばらくの間はつづく。つまり、子どもが自分で稼ぎながら（家計費にいくらかでも貢献しながら）、両親と同居している間である。この期間のある部分においては、子どもの収入はかれ自身の衣食住（この費用は家庭に差入れるのが普通の慣例である）に必要な経費を超過する場合がある。この場合こそ、かれが貯蓄というものをし得る絶好（唯一）の機会である。この貯蓄額が、もし、小さな住居に家具を入れたりするほどの程度のものにのぼったとすれば、かれの「比較的余裕のある生活」は、結婚してから子どもが2人か3人生まれるくらいまでは、つづくのである。が、それからあとは、なんとしてもまた貧乏の囚とならざるを得ない。この貧乏状態は、かれ自身が、少年期におい

て経験したと同じように、少なくとも10年以上はつづく。——つまり自分の子ども（長男または長女）が、14歳に達し、自分で稼ぐことができるようになるまでつづくわけであるが、その子どもの数が3人以上もあれば、この貧乏状態の期間は、いうまでもなくもっと延長されることになる。ところで、子どもが稼ぎはじめ、かれ（父親）と同居している間——子どもが結婚して別居するにいたるまでの間——は、かれはまた、「比較的余裕のある生活」を享楽し得ることができる。が、これも、そう長い期間ではなく、子どもが結婚して家を去るころには、みたび貧乏線下に転落するのである。ところで、このころには、かれ自身もいわゆる老年期に達しており、労働能力もなくなっているから、もう一度、貧乏線上に浮かびあがる見込みは絶無に近い。たとえ貯蓄があったにしても、それは、かれら夫婦を長く貧乏線上の生活標準に保持しておけるような額ではないことは明瞭である[7]。

　人はよりよく生きたいと願っているが、現実にはさまざまな障害のために生活しにくい状況が発生しやすいものである。生活問題は外部的要因ともいうべき労働力の状態やその労働力交換の状態に影響を受けるとともに、外部的要因ともいうべき労働力の状態やその労働力交換の状態に影響を受けるとともに、外部的要因になんら変化がなくても、家族周期にみられるような内部的要因にも規制されるものである。生活問題を社会福祉の起点と考える理由について一番ケ瀬康子は①現代の貧困は古典的貧困をつつみこみながらも、より多面的、多様に拡大し、生活不安をふかめ、ひろがり、全面的に生活を解体化してきている。そのために生活の場面での相互関連性をトータルに全面的に把握する必要がもとめられている。②生活問題としてとらえる意味は、さらに権利認識にかかわる。生活権を形骸化させずに内実化し、さらに実体化するためには、生活権でいう「健康で文化的な生活」そのものをより明確に、しかも具体的に把握しなければならない。③生活問題として認識することは、たんなる「対象把握」を深める以上の意味をもってくる。それは、客体として認識してきた貧困

状況を、生活権を媒介者に主体的にとらえかえすことである、といった3点を指摘している[8]。以上のように生活問題論の視角は、現実の社会福祉を認識するとき、権利と連帯性に裏づけられたトータルな視点を与えてくれるものであり、社会福祉を考えるうえでの原点ともなるものではないだろうか。

【文献】
（1）Toffler A. Future Shock　徳山二郎訳「未来の衝撃」実業之日本社　1971　33～34頁
（2）中央社会福祉審議会「ボランティア活動の中期的な振興方策について」1993
（3）一番ケ瀬康子「生活学の展開」ドメス出版　1984　213~214頁
（4）青井和夫・松原治郎・副田義也編「生活構造の理論」有斐閣　1971　53～54頁
（5）仲村優一他編「現代社会福祉事典」全国社会福祉協議会　1988　308～309頁
（6）副田義也「生活の社会学」日本放送出版協会　1985　76～77頁
（7）Rowntree B.S.Poverty:A Study of Town Life　長沼弘毅「貧乏研究」現代のエスプリ第52号　至文堂　1971　102～103頁
（8）一番ケ瀬康子　前掲書　211～213頁
（9）山梨社会福祉協議会「ボランティア活動に対する県民の意識調査」1996

第2章　社会福祉の歴史と概念

　貧困を中心とする人々の抱かえる生活問題を解決する過程を社会福祉の歴史と考えるならば、それは人間の歴史とともに始まるといっても過言ではないだろう。しかし、ここでは貧困が社会的必然性をもって生まれてくる資本制経済に着目し、日本における明治維新以降を表2－1のように5つの時代に区分し

表2－1　社会福祉の時代区分

	年　　代	社会体制	主要な対象	方　　法	雑誌名称 (中央慈善協会～ 社会福祉協議会)
慈恵的救済の時代	1868 (明治元年) ｜ 1890	資本主義成立期	共同体解体のために生じた窮民	慈　　恵	
慈善事業の時代	(明治23年) ｜ 1920	資本主義発展期	労働者の貧窮	慈　　善	慈善 (明42～大6) 社会と救済 (大6～大10)
社会事業の時代	(大正9年) ｜ 1931	古典的 帝国主義期	労働者階級の貧困	社会事業	社会事業 (大10～昭16)
厚生事業の時代	(昭和6年) ｜ 1945	戦時国家独占 資本主義期	—	厚生事業	厚生問題 (昭16～昭19)
社会福祉の時代	(昭和20年)	国家独占資本主義再編・成熟期	国民諸階層の 生活不安	社会福祉(事業) 社会保障	社会事業 (昭21～昭36) 月刊福祉 (昭36～現在)

考察することにしたい。

1 慈恵的救済の時代

　江戸時代における幕府や藩の救済も村落共同体による相互扶助が中心であり、その血縁や地縁による共同体的相互扶助からはみだし、江戸に流れこんだ貧民＝難渋人を救済の対象とし、幕府は「養生所」で治療や救恤を行ったのである。さらに、寛永3年松平定信によって七分金積立の法が設けられている。

　このような幕府の慈恵政策とならんで、多くの藩でも救済事業が行われているが、その慈恵は支配者の領地内だけにとどまる個人的なものであった。加賀の前田綱紀の非人小屋、備前の池田光政の救済、米沢の上杉鷹山の備荒制などが注目すべき事業である。

　そして、幕末に近づくにしたがい、商品経済の進展、たび重なる災害や大火によって、庶民の生活は苦しく、百姓一揆が繰り返され、社会は根底から動揺していくのである。

　明治維新によって封建体制は解体し近代的日本が誕生した。新政府は中央集権的国家体制の確立をはかるとともに、資本主義化をおし進めた。ところで明治維新をどのように規定するかについては様々な意見があるが、大きな社会的経済的思想的な変革であったことは事実であり、社会的混乱が生じ、多くの生活困窮者が出現してきた。田代国次郎はこの時期における救済対象の出現について、①政治的・身分的再編成によって武士階級が解体し、下級武士は身分的特権を喪失し、わずかな工賃で士族授産に追い出され、その多くは失敗し、生産手段をもたないプロレタリアート、無産階級に転落していった。②農民も田畑の「地租改正」から金納となり、不作、凶作、滞納などから土地を失い、小作農民や出稼ぎ、日雇階級となっていった。③一般の商工業者も「紙幣改革」などにより、物価騰貴、変動が激しく、また零細工業者が多いところから窮乏

化していったと述べている。

　このような社会問題に対して明治政府は明治4年に棄児に対する養育米支給の規則をつくり、同7年には恤救規則を制定した。わが国における最初の救貧法である。この恤救規則は前文と5か条からなる短いものであり、その内容は次のとおりである。

　救貧恤救ハ人民相互ノ情誼ニ因テ其方法ヲ設クヘキ筈ニ候得共、目下難差置無告ノ窮民ハ、自今各地ノ遠近ニヨリ、五十日以内ノ分左ノ規則ニ照シ取計置、委曲内務省ヘ可伺出此旨相達候事

　恤救規則(じゅうきゅうきそく)

1．極貧ノ者独身ニテ廃疾ニ罹り産業ヲ営ム能ハサル者ニハ1ヶ年米1石8斗ノ積ヲ以テ給与スヘシ
　但独身ニ非スト雖モ余ノ家人70年以上15年以下ニテ其身廃疾ニ罹り窮迫ノ者ハ本文ニ準シ給与スヘシ

1．同独身ニテ70年以上ノ者重病或ハ老衰シテ産業ヲ営ム能ハサル者ニハ1ヶ年米1石8斗ノ積ヲ以テ給与スヘシ
　但独身ニ非スト雖モ余ノ家人70年以上15年以下ニテ其身重病或ハ老衰シテ窮迫ノ者本文ニ準シ給与スヘシ

1．同独身ニテ疾病ニ罹り産業ヲ営ム能ハサル者ニハ1日米男ハ3合女ハ2合ノ割ヲ以テ給与スヘシ
　但独身ニ非スト雖モ余ノ家人70年以上15年以下ニテ其身重病ニ罹り窮迫ノ者ハ本文ニ準シ給与スヘシ

1．同独身ニテ13年以下ノ者ニハ1ヶ年米7斗ノ積ヲ以テ給与スヘシ
　但独身ニ非スト雖モ余ノ家人70年以上15年以下ニテ其身窮迫ノ者ハ本文ニ準シ給与スヘシ

1．救助米ハ該地前月ノ下米相場ヲ以テ石代下ケ渡スヘキ事

　恤救規則は救済対象を「無告の窮民」に限定した、厳しい選別・制限主義を

とり「人民相互ノ情誼」を強調したのである。このような明治政府の救済に対する態度は①恤救規則にみられる「救恤」（救済）的視点で、無告の貧民に対し、貧困は自らの怠惰が招いたものであると考え、共同体的救済に基本を置いたものである。②現在および将来において労働能力をもつ可能性があるとみられる者に対し、授産を通じ「匡正」（矯正）的視点でのぞんだ。③自然災害による窮民に対し「賑恤」（ほどこし）的視点で行われる救済を考えたのである[1]。

その意味で恤救規則は、西欧の救貧法制とは異なる慈恵政策のための法律であり、唯一の絶対者である天皇の仁徳を示すための政策であり、天皇の恩賜として救済したのである。それ故、慈恵の特徴は対象の厳しい制限と救済を絶対者の恩賜を認識させるところにあるといえよう[2]。

明治維新とともに始まった初期資本主義体制の進行に伴って、農民の窮乏化と労働者の都市への人口移動が激化し、近代的な貧困現象が表出してきた。加えて災害や疾病の流行等もあり社会不安は極度に達し、各地で騒動も起きるようになっていった。そこで政府は明治23年窮民救助法案　同30年救貧税法案　同35年救貧法案を提出したが、廃案や未成立に終った。この背後には、貧困はあくまでも個人の責任であり、社会の側には何ら原因はないといった貧困観が支配的であったからである。

2　慈善事業の時代

わが国は日清・日露戦争を通じて産業革命をなしとげ、機械工業を発展させ、生産力を増大させた反面、横山源之助が「日本の下層社会」で指摘したように欧米資本主義諸国にみられるような貧困問題や労働問題が発生してきた。

しかし、政府はこれらの社会問題に対しては極めて冷淡であったため、キリスト教徒を中心とした慈善事業に依存せざるをえない状況であった。

主なものをあげておきたい。育児事業では世界的に有名な岡山孤児院が石井十次により明治20年に創設されている。石井十次は小舎制度を実行し、里親委託制度を採用し、収容児の将来を保障する植民地をつくっている。これらはイギリスのドクターバーナードホームの方針と方法を模倣したものである。

白痴（精神薄弱児）教育に生涯を捧げたのは石井亮一である。明治24年に弧女学院（後の滝乃川学園）を開き、フランスのセガン（Seguin, E. O）に準じ、①臨床心理学に基づいた教育。②手工労働をもととし、これに多少の学業を授けた教育。③宗教教育を行ったのである。

トインビー（Toynbee, A）の影響を受けた片山潜は明治30年に神田三崎町にセツルメント施設キングスレー館を設立している。事業としては幼稚園、職工教育会、青年クラブ、日本料理人組合、渡米協会、社会主義研究会、都市問題研究会、および日曜の楽しみという集会やクリスマスを行った。

明治32年家庭学校を設立し、少年感化を中心に多面的活動を行ったのが留岡幸助である。彼は教護処遇の先覚的指導者であり、宗教、教育、資金を慈善事業の3大要素とし、教養と労作を積極的要素として評価し、慈善事業の非合理的自己犠牲やセンチメント中心主義に鋭い批判をも提起した。さらに、社会事業教育の先駆的施設である慈善事業師範部を設け、「理・術の研究と人格の養成」によって職員の確保につとめたのである。

保育事業においては野口幽香らの二葉幼稚園（明治33年）を忘れることができない。最初麹町に借家を借り貧児のための特殊な幼稚園を開いたのである。その後当時東京における3大スラムの1つであった四谷鮫ケ橋に本格的な貧民幼稚園を新築し、保育のほかに小学生のための図書室、少年少女クラブ、昼間工場につとめている女子のための夜間裁縫部、日曜学校、親の会、母の家などの事業を行った。

防貧施設として明治34年大草憲実は東京本所若宮町に無料宿泊所を開いた。それは地方より上京した路銀のない者、路頭の病者、失業者などに対して宿泊

および職業紹介などを行う保護施設である。

　慈善事業について一番ケ瀬康子は、その字のとおり、対象をいつくしみあわれむ感情にもとづく、いわゆる善行による事業である。それは、個々人によるものであろうと、また集団的なものであろうと、基本的なちがいはない。対象に対する主観にもとづく、宗教的、感情的動機が問題であって、そこには何らの計画性や合理性、さらに客観的な考察は、はいりこまない。そのため、その仕事は独断的になり、たんに自己満足的なものである場合が多く、偶然的なものが多い。また、あわれむものと、ほどこしを行なうものと、それを受けるものとの間は、しょせん対等な関係ではなく、優越者と劣等者という関係になりやすい。したがって、一般的に慈善事業は、個人の自由平等を前提とする近代社会においてよりも、身分的な上下関係を基調とする近代前の社会、また封建遺制の根強い社会においてみられるものである[3]。

　明治41年中央慈善協会が慈善事業の連絡・調整・研究のためにできた。この協会は内務省によって行われた第1回感化救済事業講習会を契機に発足したものであり、民間性、合理性に欠けたいかにも日本的なできかたであったが、慈善事業は社会性と科学性を少しづつ獲得し、社会事業へと発展していくのである。

3　社会事業の時代

　第一次世界大戦によってわが国の経済は飛躍的に発展し、資本主義はめざましい発達を示す反面、大衆の生活は窮乏化をたどり、社会矛盾を露呈していくのである。このような状況の中で大正7年富山県に起こった米騒動はまたたくまに全国に広がっていった。一般に資本主義的危機の開幕を告げるものはロシア革命とならんで、わが国の場合は米騒動をあげることができよう。この米騒動は自然発生的で飢餓暴動的なところもあるが、多くの国民をまきこんだこと

によって、その後の労働運動にひとつの示唆を与えたのである。政府は米騒動に対して一方では鎮圧を、他方では公設の廉売市場、無料宿泊所、職業紹介所、託児所、貧児教育所等を設置していったのである。さらに、大正12年におきた関東大震災によるあまりにも大きな被害に対しても、政府は臨時震災救護事務局を設け、罹災者に食糧を与えたり、職業紹介や婦人宿泊所・簡易宿泊所、医療等の事業を行ったのである。

　また、国の行政機関として大正6年に軍事救護法の実施に備えて地方局に救護課をおいた。その後大正8年に社会課と改称し、翌9年には社会局となった。この社会局になって社会事業という言葉がはじめて政府の法令上の用語となったのである。

　思想的には吉野作造や福田徳三らの大正デモクラシーの理論的支柱である「社会連帯」の影響を受けて、ようやく社会的脱落者として無視され続けていた窮民が社会的弱者とみなされるように変化していった。換言すれば、救済事業対象者から社会事業対象者へと転換したともいえよう。この時期における社会事業理論として、長谷川良信「社会事業とは何ぞや」（8年）田子一民「社会事業」（11年）生江孝之「社会事業綱要」（12年）小河滋次郎「社会事業と方面委員制度」（13年）矢吹慶輝「社会事業概説」（15年）等が有名である。さらに、渡辺海旭、矢吹慶輝によって宗教大学（現大正大学）、富士川游が中心となって東洋大学、生江孝之によって日本女子大学に社会事業学科やそれに関連する講座が開設されたのであった。

　欧米のケースワークや慈善組織協会についての知識が紹介されたり、大正6年には岡山県に済世顧問制度、翌7年大阪ではドイツのエルバーフェルト制度にならって方面委員制度が創始され、全国的に普及していった。こうして、社会事業が形成されていったのである。

　社会事業について、山口正は「社会事業研究」（昭和9年刊）のなかで、「社会事業とは、社会的及び政治的動機に基き、現に生活難に陥り又は将来陥るお

それのある個人又は社会の調和的発達を企画する社会進歩主義のもとに、公共の福利を目的として保健上道徳上又は経済上等人間生活及び社会生活の各方面を計画的に救済し、又は予防するための公私の組織的非営利的努力である」と規定している。

　社会事業は慈善事業のとくに主観性を排して、社会的あるいは義務的になされるのである。その主体は、国家・公共団体あるいは私的団体や個人などさまざまであるが、すくなくとも、対象をたんに劣等者、下級者としてあわれむことによってではなく、社会全体のために計画的、合理的に、そして民主的、科学的に処理することを目的とするものである。したがって、それはたんに偶然的なものではなく、近代社会のなかで合目的性をもったものとして必然的にあらわれてきたものである。近代社会において、資本主義の発展とともに生活の不安や困窮が構造的に創出されていることが、社会的に認識される段階になって、すなわち、社会問題化し明確に生活問題が認識されてはじめてあらわれてくるものである(4)。

　大正時代の後半から日本資本主義は恐慌により危機的状況に陥っていた。そして大正12年の関東大震災はより大きな打撃を与えたのである。さらに昭和2年の金融恐慌、昭和4年の世界大恐慌によって要救護者は激増した。そのような状況のなかで「恤救規則」はもはや何の役にも立たなかった。そこで政府は、昭和4年に救護法を制定したのである。

　国務大臣望月圭介は「救護法案」の提案理由について

　我国ニ於キマシテハ古来ノ美風タル家族制度及隣保扶ノ情誼ガ存シテ居リマスノデ、本法案ハ実ニ是等ノ醇風美俗ヲ尊重致シマスト共ニ更ニ更ニ進ンデ現在社会ノ実現ニ適応セル制度ヲ確立致シ其及バザルヲ補ッテ、以テ国民生活ノ不安ト思想ノ動揺ヲ防止スルニ努メントスルノ趣旨ニ外ナラナイノデアリマス

と述べている。また、その主な内容は

　第1条　左ニ掲グル者貧困ノ為生活スルコト能ハザルトキニハ本法ニ依リ之

ヲ救護ス
1．65歳以上ノ老衰者
2．13歳以下ノ幼者
3．妊産婦
4・不具廃疾、疾病、傷痍其ノ他精神又ハ身体ノ障碍ニ依リ労務ヲ行フニ故障アル者
　前項第三号ノ妊産婦ヲ救護スベキ期間並ニ同項第四号ニ掲グル事由ノ範囲及程度ハ勅令ヲ以テ之ヲ定ム
第2条　前条ノ規定ニ依リ救護ヲ受クベキ者ノ扶養義務者扶養ヲ為スコトヲ得ルトキニハ之ヲ救護セズ、但シ急迫ノ事情アル場合ニ於テハ比ノ限ニ在ラズ
第10条　救護ノ種類左ノ如シ
1．生活扶助
2．医療
3．助産
4．生業扶助
　前項ノ各号ノ救護ノ範囲、程度及方法ハ勅令ヲ以テ之ヲ定ム
第11条　救護ハ救護ヲ受クル者ノ居宅ニ於テ之ヲ行フ

となっている。しかし、財政難を理由に施行されたのは昭和7年であった。

　「救護法」は基本的には「恤救規則」の内容を踏襲するもので、救護対象を労働能力のない者に制限する制限扶助主義を継承するものであった。しかし、救護機関・救護の種類・救護費の負担区分を明確にし、公的救護義務を明示し、医療・助産などの医療面などの保護制度を取り入れた点など、画期的な内容をもつ「救貧法」でもあった。それにしても保護申請の「権利」を認めるまでにはいたっておらず、むしろ「濫救防止」と国内矛盾の表れである社会主義運動を抑圧するための防波堤の機能を果たすものであったといえよう。

4　厚生事業の時代

わが国は恐慌による国内矛盾を軍備拡張と植民地争奪によって一気に解決しようとし、日中戦争から太平洋戦争へと突入していくのである。この時代を代表するような事件および法律を整理することによって、この時期の特徴をうかびあがらせてみたい。

昭和12年　母子保護法　軍事扶助法　保健所法（日華事変）

13年　社会事業法　国民健康保険法　国家総動員法　厚生省設置　恩賜財団軍人援護会設立

14年　職員健康保険法　船員保険法　国民徴用令　価格停止令　軍事保護院設置

15年　国民優生法　国民体力法　紀元2600年記念社会事業大会　大日本産業報国会結成

16年　医療保護法　労働者年金保険法（昭和19年に厚生年金保険法と改称）　国民徴用扶助規制　厚生省社会局を生活局と改称（太平洋戦争）

17年　戦時災害保護法　国民医療法

18年　国民徴用援護会（イタリア無条件降伏）

20年　（ドイツ降伏）（日本降伏）

昭和13年に国家総動員法が公布され、社会は戦争体制にがっちりと組みこまれていった。また、厚生省が設置されることによって社会事業という名称は廃され、国家統制の線にそって厚生事業とよばれるようになったのである。

このような経過に関し吉永清は次のように述べている。日本の社会福祉前史を一貫してきたものは軍事本位であった。明治11年には「戦役死傷者扶助料概則」同24年には「明治7年以後ノ死没シタル軍人軍属ノ遺族父母及祖父母扶助ニ関スル法律」同37年には「下士兵卒家族扶助令」大正6年には「軍事

救護法」同12年には「軍事扶助法」が出て、軍事により生活困難になった者を保護救済してきた。間接ではあるが工場労働者の兵卒として体力を維持することを求めた「健康保険法」の実施や農漁山村における青年の徴兵検査における甲種合格率の維持をはかった「国民健康保険法」の実施は、医療扶助を減少することに役立ってきた。

　日本の社会事業は富国強兵政策、特に軍事的要求によって、時には促進させられ、時には抑圧されてきた。社会事業の厚生事業化は慈善事業から社会事業へと進歩した歴史を忘れ、社会事業の放棄となったのである。

5　社会福祉の時代

（1）敗戦と社会福祉事業

　社会的混乱と生活困窮のなかで終戦をむかえた日本は、皮肉にも社会福祉の面では新たな展開を示すことになった。敗戦は多くの戦災者・失業者を生みだすとともに、都市生活者の多くを食糧難と住宅難に苦しむ生活困難者にしていった。それゆえ、社会事業は多くの対象者をもつことになってくるのである。このような状況のなかで、わが国の近代化政策（占領政策）は連合国総司令部（GHQ）によって強力にすすめられ、それは社会福祉の領域にも及んだのである。

　昭和20年10月に厚生省生活局は社会局にもどり、緊急事態に対して「生活困窮者緊急生活援護要綱」をつくったが、生活困窮はますますひどくなっていった。連合国総司令部はそのような状態に対し、政府に「社会政済に関する覚書」を提示した。そのなかには、

　①国家の救済は無差別平等におこなうこと。
　②国家責任による生活保障の実施とともに、全国的な単一の政府機関の樹立。
　③この国家責任を民間に転嫁してはならないという公私分離の考え方。

④困窮防止に必要な総額内で与えられる支給金総額に何らの制限を設けてはならない。

といった4原則があり、これは戦後永らくわが国の救済福祉の最高方針となったのである。

　以上の4原則に基づき昭和21年には生活保護法が制定実施されている。また、同じ年に日本国憲法（新憲法）が制定され、多くの権利を国民に保障した。なかでも憲法第25条は、①すべて国民は、健康で文化的な最低限度の生活を営む権利を有する。②国はすべての生活部面について社会福祉、社会保障及び公衆衛生の向上及び増進に努めなければならないと規定し、初めて社会福祉という用語が公的に登場したのである。そして、すべての国民に健康で文化的な最低限度の生活を権利として保障したのである。また、多くの戦災孤児や青少年の非行化がめだってきたこともあって、昭和21年4月に社会局長は「浮浪児その他の児童保護などの応急措置に関する件」の通達をだし、翌22年には児童局が設置され児童福祉法が制定されている。さらに傷痍軍人や戦災による身体障害者も多く、生活困窮に陥っていることから、昭和24年に身体障害者福祉法を制定、翌年から実施している。

　昭和21年に制定された生活保護法（旧生活保護法）は多くの失業者や未就業者の前に全く無力であり、保護請求権か認められていないことや、保護種類が限定されていることもあり、昭和25年には新生活保護法が公布・実施された。改正点は保護請求権の明確化、実施者は有給専門職員であること、教育扶助・住宅扶助の創設などであった。本法の制定によりわが国の公的扶助の伝統であった惰民養成、劣等処遇などの価値観は民主的に価値転換が行われた。しかし、それは国民意識の成長が勝ちとったというよりは、連合国総司令部の指示に負うところが大きかったのである。昭和24年11月には連合国総司令部は次年度社会福祉行政目標として、

　①厚生行政地区制度

②市厚生行政の再組織化
③厚生省により行なわれる助言的措置および実施事務
④民間団体の公私分離
⑤社会福祉協議会組織
⑥従事者の現任訓練計画

といった「厚生行政に関する六項目提案」(六原則)をし、それを契機に昭和26年に社会福祉事業法が制定され生活保護法、児童福祉法、身体障害者福祉法といった福祉三法の第一線機関としての福祉事務所や地域社会における福祉活動の拠点としての社会福祉協議会が設置されるとともに社会福祉事業という言葉がはじめて法令上の用語となったのである。

その時の社会福祉事業法第3条には、社会福祉事業は、援護、育成又は更生の措置を要する者に対し、その独立心をそこなうことなく、正常な社会人として生活することができるように援助することを趣旨として経営されなければならないと記されている。この社会福祉事業法の立案者木村忠二郎は社会福祉事業といった言葉に消極的な貧困の状態におちいったものを保護するにとどまらず、貧困の状態におちいることを防止することから、さらにすすんでは積極的な福祉の増進までをその目的にふくませたいという意気ごみをあらわしたものとして、これをもちいたとしている。

しかし、社会福祉に対する基本的考え方は昭和25年の社会保障審議会の「社会保障制度に関する勧告」にみられるように、社会福祉とは国家扶助の適用をうけている者、身体障害者、児童、その他援護育成を要する者が、自立してその能力を発揮できるよう、必要な生活指導、更生補導、その他の援護育成を行うことをいうのであると規定している。

同年フランスにおける第5回国際社会事業会議に社会事業研究所から提示した定義では、社会事業とは、正常な一般生活の水準より脱落、背離し、またはそのおそれのある不特定の個人または家族に対し、その回復保全を目的とし

て、国家・地方公共団体あるいは私人が、社会保険、公衆衛生、教育などの社会福祉増進のための一般対策とならんで、またはこれを補い、あるいはこれに代わって、個別的、集団的に保護、助長あるいは処置を行なう社会的な組織的な活動であるとしている。

以上のような定義からこの段階では「社会事業」「社会福祉事業」「社会福祉」といった概念に差異はあまりみられず、対象を社会的弱者とし、援護育成をし、正常な一般生活の水準へ回復させるための社会的な活動がその共通点となっている。対象を限定している点ではまだまだ社会福祉は特定の人たちだけの問題として扱われており、社会福祉の本来の意味にまでは達していないのである。

（２）経済成長と社会福祉の展開

昭和30年以降日本経済は高度成長期に入ってくる。この経済の高成長を背景に社会福祉事業は社会保障的観点からも検討されるようになり、昭和33年に国民健康保険法、翌年国民年金法が成立し、国民皆保険・皆年金体制が確立されていくのである。

昭和35年に精神薄弱者の更生援護・保護・福祉の向上を図るために精神薄弱者福祉法、38年には老人の健康の保持や生活の安定を目的とした老人福祉法、翌39年に母子家庭の生活の安定と向上のために母子福祉法（昭和56年母子及び寡婦福祉法と改称）がたてつづけに制定されていった。その理由について河合幸尾は、①高度経済成長による国民生活の変化、家族・地域の相互扶助機能、地域共同体機能の崩壊と、それにともなう国民の社会福祉に対する期待の高まりによって、従来の「福祉三法」では対応しきれない事態が進行していったこと。②皆保険・年金体制の確立が社会福祉分野の遅れを一層際立たせ、「福祉六法」体制確立のテンポ早めたとしている。

昭和35年から40年代は経済の高成長をめざす資本優先の重化学工業化のた

めに産業構造の不均衡発展、地域間・産業間・職業間の格差の拡大、過疎・過密化とコミュニティの崩壊・家族解体、公害と公害病、物価高騰と生活不安の増大などの多くの矛盾をひきおこした。また、昭和48年には政府は「福祉元年」を宣言したが、オイル・ショックのために物価上昇と不況が起こり、国と地方公共団体は財政危機にみまわれることとなった。そして、不況の深刻化とともに経済は低成長に移行し、昭和54年には、「福祉見直し論」が論議されるまでになった。それは一面では福祉の後退を意味するものであり、前近代的な自助と相互扶助を強調するものになりかねないのである。昭和57年には老後の健康保持と医療の確保を目的として老人保健法、昭和62年にはわが国初の福祉専門職の国家資格として社会福祉士及び介護福祉士法が、また同年精神衛生法にかえ精神保健法が制定されている。今や自然破壊と生活環境の悪化、公害や多くの人々が抱く生活不安等新しい形の貧困の深化と拡大が国民すべての問題となってきている。逆にそれだけ社会福祉に対するニーズは高まったともいえよう。

(3) 平成の福祉改革

わが国の人口高齢化は急激なものであり、2020年には人口の約4人に1人が老人という時代を迎えようとしている。このような高齢化社会をふまえ、平成元年には「高齢者保健福祉推進十か年戦略（ゴールドプラン）」が厚生省・大蔵省・自治省の三省協議により策定され、在宅福祉対策の緊急整備を施設の緊急整備とあわせ具体的な数字で提示したのである。

翌平成2年は戦後の社会福祉の歴史のなかでも一時代を画する社会福祉関係8法（老人福祉法、身体障害者福祉法、精神薄弱者福祉法、児童福祉法、母子及び寡婦福祉法、社会福祉事業法、老人保健法、社会福祉・医療事業団）の改正がおこなわれ、主として在宅福祉サービスの位置づけの明確化や支援・助成の強化がなされた。

また、社会福祉事業法第3条に新たに基本理念がもりこまれ、福祉サービスを必要とする者が、心身ともに健やかに育成され、又は社会、経済、文化その他のあらゆる分野の活動に参加する機会を与えられるとともに、その環境、年齢及び心身の状況に応じ、地域において必要な福祉サービスを総合的に提供されるように、社会福祉事業その他の社会福祉を目的とする事業の広範かつ計画的な実施に努めなければならないと規定している。ここにノーマライゼーション（Normalization）や地域福祉といった目標が示されたのである。

　平成5年には身障者対策基本法が障害者基本法に改正され、平成6年「今後の子育て支援のための施策の基本的方向について」（エンゼルプラン）と「高齢者保健福祉推進十か年戦略の見直しについて」（新ゴールドプラン）の二つのプランがとりまとめられた。翌7年には障害者福祉の分野でも障害者プランが策定され、三つのプランがでそろい総合的な施策の実現にむけてスタートすることになったのである[5]。「救貧」から「防貧」へ、「経済扶助」から「社会扶助」へ、「施設福祉」から「在宅福祉」へ、「公私分離」から「公私協働」へといった転換を時代の要請として考えていかなければならない時代なのである。

　今や私たちにとって社会福祉という言葉は最も身近な言葉のひとつになった。社会福祉（social welfare）を簡略に表現すれば「幸せ」「よりよい生活の状態」「社会の安寧」「健康」「物質的豊かさ」（webster,s dictionaly）といった意味ではあるが、わが国では次のように大きく2つにわけて使われてきた。

　第1は、目的概念としての意味であって、社会福祉を理念（価値）ないし望ましい状況（当為）としてとらえる場合である。これは、現実につくり出された社会的不幸に対して社会施策はどうあるべきかを主張し、その実施を促進させようとするときに用いられる。ここでいう社会福祉の理念は、最も一般的には人間や人類や国民の幸福をさす。第2は、実態概念としての意味であって、現実に存在する社会的不幸に対する社会的施策（社会福祉政策・制度・援助活動）の体系をさす。

この実態概念を意味するものとしての社会福祉ということばは、通常さらに広義と狭義の2とおりに使われている。社会福祉ということばを、ことにイギリス・アメリカのように、社会保険、住宅保障、義務教育などをも含め、賃金および労働過程への政策をのぞいた直接および間接的な生活条件の保障としての政策一般をさす場合が広義である。これに対してわが国の場合、伝統的に厚生労働省が管掌する他救規則→救護法→福祉六法にかかわる社会施策をさして社会福祉という使い方をしており、この場合が狭義の社会福祉とよばれるのである[6]。

　次に社会福祉と社会保障との関係に言及しておきたい。昭和25年「社会保障制度に関する勧告」のなかで社会保障制度は、疾病、負傷、分娩、廃疾、死亡、老齢、失業、多子その他困窮の原因に対し、保険的方法又は直接公の負担において経済的保障の途を講じ、生活困窮に陥った者に対しては、国家扶助によって最低限度の生活を保障するとともに、公衆衛生及び社会福祉の向上を図

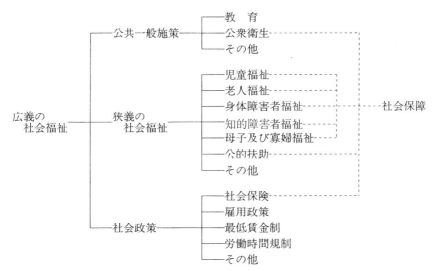

小松源助「社会福祉」医学書院に加筆修正

図2－1　社会福祉と関連施策との関係

り、もって、すべての国民が文化的社会の成員たるに値する生活を営むことができるように保障することを目的とするとしている。この規定から社会保障は社会保険、国家扶助（公的扶助）、公衆衛生、社会福祉から構成されていると考えることができる。そして社会保障と社会福祉との関係をわかりやすく図示すると図2－1のようになる。

【文献】
（1）遠藤興一「社会福祉」同文書院　1989　21～22頁
（2）朝倉新太郎他編「社会保障・社会福祉事典」労働旬報社　1989　483頁
（3）一番ケ瀬康子「社会福祉事業概論」誠信書房　1964　30頁
（4）一番ケ瀬康子　同前書　31頁
（5）「国民の福祉の動向」厚生の指標臨時増刊第43巻第12号　1996　73～75頁
（6）吉永清他編「社会福祉概説」有斐閣　1976　8－9頁
（7）吉田久一・高島進編「社会福祉の歴史」誠信書房　1964
（8）一番ケ瀬康子・高島進編「社会福祉の歴史」講座社会福祉第2巻　有斐閣　1981
（9）今岡健一郎・星野貞一郎・吉永清「社会福祉発達史」ミネルヴァ書房　1973
（10）小松源助・高沢武司・三友雅夫「社会福祉」系統看護学講座8　医学書院　1978
（11）一番ケ瀬康子「社会福祉事業概論」誠信書房　1964
（12）吉田久一他「人物でつづる近代社会事業の歩み」全国社会福祉協議会　1971

第Ⅱ部 他者を支える技術（アート）

第3章　個別援助技術の理解
—ケースワーク—

1　社会福祉における人間理解

（1）基本的欲求と成長

　ただ生きる——生存するだけではなく、よりよく生きたいと願わない人間はいないのではないだろうか。人間が人間らしく生きるために必ず充たされなければならない欲求を基本的欲求と呼ぶことができる。マスロー（A. H. Maslow）は欲求を大きく2つに分けて考えた。1つは欠乏欲求ともいうべきものであり、個人がその欠如態におかれたとき、欲求が感じられ、また個人に欠乏するものが外部から与えられた時、満足感を覚えるものである。求める欲求ともいえる。これに対して成長欲求というのは、満ち足りた状態でみられる欲求である。これは自己の生活上の欠乏を他に依存するのではなく、逆に自己の充実したエネルギーを外に表現し、他に分ち与えたいという欲求である。この欠乏欲求と成長欲求はさらに細分化し、生理的欲求、安全欲求、所属と愛情の欲求、尊敬の欲求、自己実現の欲求といった5つに分類することが可能であ

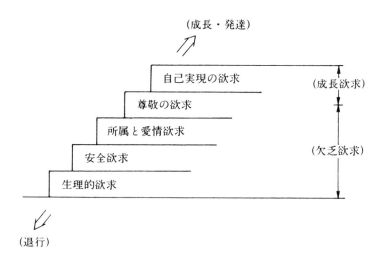

図3-1 マスローの欲求階層説

るが、これらは人格発達上一般により基本的な欲求から、人間を人間たらしめるような本質的価値の欲求まで、つまり低次の欲求から高次の欲求まで、ヒエラルキーを形作っているのである。(図3-1参照) そして、生理的欲求や安全欲求といった基礎的欲求が満たされたとき、はじめて高次の欲求が出現すると考えるのである。(A. H. Maslow Toward a Psychology of Being 上田吉一訳「完全なる人間」290-291頁 誠信書房1964)

　人間は安全を確保され、基礎的な欲求が充足されたとき、はじめて自分自身の力を信頼し成長しようと試みるのであろう。換言するならば、自己実現へと向かうのである。自己実現とは、本来的に自己のもつ能力や機能を十全に実現しようとすること、ないしはその状態をいう。そして、すべての人間に自己実現の欲求が存在することを認めることが、援助活動を実践するものの前提ではないかと考える。なぜなら、問題をかかえて相談におとずれる人-クライエントの問題解決能力を信じきれないワーカーにベストな援助活動を期待することはできないからである。クライエントが自己の生存可能性を最高度に発揮する

ことができるようにしていくことこそが社会福祉の援助技術の目的でもあろう。

(2) 人間と環境

　レヴィン（K. Lewin）は人間の行動について研究し、行動（behaviour）は人（personality）と心理学的環境（environment）とから成りたっていると考え、B＝f（P・E）という公式を明らかにしたが、社会福祉の生活問題の出現過程についても同様に考えることは可能であろう。すなわち問題（problem）は人と環境の関数P＝f（P・E）として表示できよう。

　このような視点はソーシャル・ワーカーとしての基本的視点と思われる。ハミルトン（G. Hamilton）は根本的にいって、すべての社会事業ケースは「内面的」（inner）と「外面的」（outer）の特徴をもっていて、人間と境遇、すなわち客観的実在とこれを経験する人に対してもつ、この実在の意味とから成り立っているのである。だいたい問題が社会的であると同時に、通例人間同士の間のことなのであるから、ケースワークの機能を「外面的」条件の修正に局限することは不可能である。環境的要因と情緒的要因を器用に切り離すことなどできない技であるばかりでなく、却ってクライエントの精神的な洞察力が「現実の」（real）事態に処する上に利用される場合さえあるのであるといっている。(G. Hamilton, Theory and Practice of Social Case Work　三浦賜郎訳「ケースワークの理論と実際」上巻　2～3頁　有斐閣1960)同様にホリス（F. Hollis）もケースワークの中心概念は「人と状況と、この両者の相互作用」の三重の相互連関性からなる「状況の中にある人間」「the-person-in-his situation）の概念であると述べている。(F. Ho1lis Casework: A Psycho social Therapy　本出祐之他訳「ケースワーク」8頁　岩崎学術出版社1966)

　ホリス自身ケースワークを心理社会療法と呼んでいるように、ケースを理解するための視点として、心理－社会－経済の次元からトータルに接近する必要がある。換言するならば、社会の中で生活をしている生きた人間が問題をもち

心理的にも苦悩していると理解することではないだろうか。そのことによりケースを全体的に把握することも可能となってくるのである。

2　ケースワークの歴史と定義

（1）ケースワークの萌芽期

　ケースワークはその源流をたどるとイギリスの慈善組織協会（Charity Or-ga-nization Society）の活動にたどりつく。

　1860年代になるとイギリスでは教会や人道主義者による慈善活動が活発になっていったが、それらは計画性もないために効果的ではなかった。そこで1820～30年代にスコットランドの牧師トーマス・チャルマーズ（Thomas Chalmers）が教区を25の小地域に分け、各地区に執事を置き要救助者を調査させ、お互いに連絡調整をとることによって合理的な援助を行ったのを参考にし、1869年ロンドンに「慈善的救済の組織および乞食抑圧のための協会」が設立され、翌年「慈善組織協会」と名称をあらためたのである。慈善組織協会はロンドンを区分し、救貧法の地区単位ごとに地区委員会を組織して被救助者の登録制と、「施しではなくて、友人を」といった標語に示されるように、物質的な援助よりも精神的援助を重視した友愛訪問を実施し、個別調査を行った。さらに、慈善団体相互の連絡・調整・協力を組織化しようとしたのである。

　この慈善組織協会は19世紀における救貧制度と社会事業の接点としての意義をもっているが、貧民を「救済に値する貧民」と「救済に値しない貧民」に分け、前者のみに働きかけ、後者は新救貧法の劣等処遇や労役場テストの原則にゆだね、積極的に援助しなかったのである。それは貧困の原因を貧民個人の性格や道徳的欠陥に求めていたことと、マルサス的な思想に準拠していたためである。

　しかし、友愛訪問員が「ケース」の経験をつむことによって主観的・慈善的

態度から客観的・科学的態度に移行し、除々にではあるがケースワークの基礎ができあがっていったのである。

（2）ケースワークの確立期

　慈善組織協会はアメリカにおいて著しく発達した。1877年にはバッファローに最初の団体がつくられ、1892年には実に92団体が設立されるまでになった。「ケースワークの母」といわれ、ケースワークを体系化したメリー・リッチモンド（Mary Richmond）もバルチモアとフィラデルフィアの慈善組織協会で働いていたのである。リッチモンドは自己の実践の経験と集めた資料を整理し1917年「社会診断」という本にまとめた。その中でいままで「貧困者」とか「披救助者」「要救護者」等とよばれていた対象者を「クライエント」という言葉でよんだのである。このクライエントという言葉に象徴されるようにワーカー—クライエント関係を上下関係ではなく対等の関係にしようとする彼女の意図がそこに読みとれるのである。次いで1922年には「ソーシャル・ケース・ワークとは何か」を著している。その中でケースワークを次のように定義している。

　ソーシャル・ケース・ワークとは、意図的に個人と社会環境との関係を、個々に応じて、総合的に調整しながら、パーソナリティの発展をはかろうとするさまぎまなプロセスからなるものである。（M. E. Richmond, Whatis Social Case Work　杉本一義訳「人間の発見と形成」91〜92頁　誠信書房1963）

　リッチモンドによって代表される当時のケースワークの傾向は、フリードランダー（W. A. Friedlander）によれば「環境決定論」と呼ばれた。クライエントの問題の原因を明らかにするためには、クライエントの環境条件に関する資料が、できるだけ豊富に、丹念に集められなければならないとされたからである。（仲村優一著「ケースワーク」29頁　誠信書房1970）

　また、1898年の夏、ニューヨークにおいて友愛訪問員を対象として、6週間の講習会が開催された。これは社会福祉の専門教育のはじまりであり、後に

ニューヨーク社会事業学校(コロンビア大学社会事業学校)へと発展するのである。

(3) ケースワークの発展期

1920年代のアメリカでは社会の繁栄や保守化により、ケースワークの分野でも社会改良主義よりもむしろ心理主義へと大きく傾斜していった。フロイト(S. Freud)の流れをくむ正統派精神分析学を理論的根拠とする診断主義派を主流に、1930年代中頃からは診断主義に批判的な機能主義派の人々も登場してきた。その主な相違点を佐藤豊道は表3－1のように整理している。

(4) ケースワークの統合期

1954年マイルズ(A. R. Miles)はケースワークがあまりにも心理主義に偏っているとし、「リッチモンドにかえれ」と統合化の必要性を訴えたのである。そして、診断主義派と機能主義派を理論的に統合する試みもアプテカー(H. H Apteker)やパールマン(H. H Perlman)によってなされている。パールマンは自らを折衷派とよび、機能主義からも役立つものはとりいれようとしたのである。パールマンはその著「ソーシャル・ケースワーク」の中で次のように定義している。

ソーシャル・ケースワークは、人びとが社会的に機能するあいだにおこる問題をより効果的に解決することを助けるために福祉機関によって用いられるある過程である。(H. H Perlman Social Casework 松本武子訳「ソーシャル・ケースワーク」4頁 全国社会福祉協議会1966)

1960年代以降は伝統的なケースワーク理論に加え、課題中心ケースワーク、危機介入、行動ケースワーク、家族中心ケースワーク等さまざまなアプローチが展開されている。これらの新しいケースワークは伝統的ケースワークが「医学モデル」を用いるのに対し、「生活モデル」を用いるところに特徴があると

表3－1　診断主義と機能主義の差違

	診 断 主 義	機 能 主 義
1　基礎理論	正統派精神分析（フロイド）	意志療法（ランク）
2　基本概念	①無意識、②アンビバレンス、③過去、④感情転移、⑤抵抗	①意志、②対抗意志、③現在、④分離、⑤創造力、
3　ケースワークは	ケースワーカーがクライエントに対して働きかける過程	クライエントがワーカーに対して働きかける過程
4　自我の力は	ケースワーク的援助で強化しうる	本来、生得的に備わっている
5　ケースワーク関係は	ワーカーが診断を行い治療を試みる	クライエントがケースワーカーおよび機関の機能を活用する
6　ケースワーク過程は	スタディー社会診断一社会治療の過程　社会資源の動員、活用、開発	現実的限界をもつ社会資源の機能を生得的な自我の創造力で自由に選択し、活用できるよう援助する過程
7　対人関係は	クライエントの診断と治療を効果的に可能ならしめる条件	クライエント自身の自我の自己展開をうながす体験
8　ケースワーク中心課題	①　クライエントのパーソナリティ構造の解明（過去から現在におよぶ生育歴、生活歴の分析） ②　現在の生活状況のもとでの自我機能の解明 ③　自我の強化を図る ④　社会環境に対するパーソナリティの適応力を強める	①　クライエント・センタード・メソッド ②　ケースワーカーおよびワーカーの属する機関の機能を自由に活用させる。 ③　自我の自己展開を助ける
9　支持する人	ハミルトン（G.Hamilton） ホリス（F.Hollis） トウル（C.Towle） オースチン（L.Austin）	タフト（J.Taft） マーカス（G.Marcus） デ・シュヴァイニッツ夫妻　　　（E&K. de Schweinitz） ファーツ（A.Faatz） プレイ（K.Pray）

〔吉田宏岳編「保育・養護のための社会福祉の方法」相川書房　1978〕

いえよう。

3 ケースワークの展開過程

　問題を抱えて混乱している状態のクライエントは大きな不安とわずかな期待を持ちながら相談機関の扉を叩くことであろう。ケースワーカーに出会ってから問題解決に至るまでの過程を、時間的な経過で初期の局面―中間の局面―終結の局面といったような区分のしかたもあるが、ここでは診断―治療を中核に3段階に分けて整理したい。

（1）インテークとスタディ

　インテーク（intake）とはワーカーとクライエントが初めて出会う場面であり、その面接をインテーク面接という。日本語では「受付面接」とか「受理面接」とも表現できよう。インテーク面接を行なうワーカーをインテークワーカーといい、相談機関の中でも経験の豊かなワーカーが担当することが一般的である。

　インテークの目的は

①クライエントの主訴を傾聴し、その要求を的確につかむこと。

②ワーカーの属する機関の機能を、クライエントの要求にかかわらせて、適切に説明すること。

③クライエントの要求と機関のかかわりあいを、具体的・現実的に検討し、クライエントの側の申請の意思、もしくは、その機関の援助を受けようとする意思を確認すること。

　つまり、クライエントはどうしてほしいと思っているか、それに対してワーカーはなにができるか、その両者はどのようにからみあうか、という論理的な思考の過程をたどって、インテークがすすめられるのである。（仲村優一著

前掲書　59－60頁　誠信書房1970）

　インテークの機能はスクリーニングにある。そのために問題の把握ができにくい場合は初回面接は時間を延長する場合もあろうし、2～3回と継続しなければならないケースもあろう。また、インテークにおいて他機関への送致が適切であろうと判断される場合にはすみやかに実行することがクライエントのためでもある。

　このインテークにつづいて、問題を明らかにするための資料を収集する段階がソーシャル・スタディ（socialstudy）の段階である。スタディを行なうにあたり留意すべき点は

　①クライエントの主体性を尊重し、スタディの過程に積極的に参加を促すこと。

　②クライエントやその家族からの情報のみでなく、問題を的確に把握するために必要ならば傍系的資料源──医師・教師・職場の上司・社会福祉関係機関等からも情報を収集すること。

　③客観的事実のみならず、クライエントの主観的事実をしっかりと把握する。さらに、クライエントのマイナス要因だけに注目するのではなくプラスの要因をも見失わないようにすることが大切である。

スタディで聞いておくべき一般的事柄は次のようなものである。

　①基本的属性──名前、住所、年齢、性別、学歴、職業、婚姻関係、家族構成など。

　②主訴と問題状況──来所の理由、来所意欲、問題についてのクライエントの受けとめ方、来所経路など。

　③現在の生活状況──家族関係、経済事情、仕事の状況、特別な緊張や切迫事情。

　④生育史──出生をめぐる状況、初期の発達状況、家族歴、教育歴、職歴、異性関係及び結婚歴、友人など対人関係歴、身体的健康と病歴、現在の問

題の歴史的経過。
⑤家庭環境——親の養育態度、両親の関係他家庭内の人間関係、社会的、経済的地位、遺伝要因、地域の状況、その他家庭の特殊事情など。
⑥能力や業績、興味の対象、性格傾向。
⑦身体医学的、精神医学的および心理テストの所見（藤永保他編「臨床心理学」91頁　有斐閣1979）

（2）社会診断

　診断（diagnosis）とか評価（evaluation）とか査定（assessment）ともいわれ、パールマンは診断過程を問題の性格と成りたちを知るために、問題間の相互作用と問題を解決する手段との関係を考えるために、問題の諸部分を検討する精神的な仕事であるといっている。いわば、社会診断はインテークからスタディにかけて収集されたクライエントや問題についての資料を分析・整理して、援助計画をたてる段階である。
　ケースワーク診断の内容は
①クライエントによってもたらされる問題の性質とクライエントにより求められるゴール。
②問題（彼の社会的・心理的情況と機能）をもっている人やクライエントの問題に関して援助を求めている人の性質。
③施設の性格と目的、そして施設が提供し得るあるいは利用を可能にさせる援助の種類によって焦点が定められ、重点がきめられ限界が定められている。(H. H. Perlman　松本武子訳　前掲書　207頁　全国社会福祉協議会1967)
　パールマンは社会診断を実施するに際して、問題を横断的に——力動的診断、従断的に——病因論的診断、その両者のクロスするところの中核であるクライエント自身を——臨床的診断といった3つの視点から考察することをすす

めている。
  ①力動的診断――ホリスの心理―社会的診断やパールマンが「活動能力（workabiliy）」と呼んでいる現在のクライエントの機能の診断を含み、人、問題、情況の中に能動的に働いている諸要因を横断的にみていくことである。
  ②臨床的診断――クライエントのパーソナリティと問題は密接にからみあい、問題をより複雑なものにし、それは社会関係までに大きく影響を与えるものである。そこでクライエントのパーソナリティにおける不適応や機能障害についてみていくことである。
  ③病因論的診断――問題の発生から現在までを時間的にたどることにより、原因と結果について考察するものである。そのことにより援助活動に有効とされる手段をも予測することが可能である。
 以上の３つの視点からの診断を総合することによってより正確な問題の把握と援助計画をたてることができるのである。

（3）社会治療

 社会診断にもとづいてクライエントを具体的に援助していくわけであるが、この援助活動を社会治療（socialtreatment）とか社会的処遇といい、間接療法と直接療法に分類することができる。
  ①間接療法――環境療法ともよばれ、クライエントの環境に働きかけることにより問題解決をはかる方法であり、ケースワークに独自な援助活動である。この間接療法では社会関係を調整したり、他の相談（援助）機関や施設への送致や公的扶助の分野でみられるような金銭や住宅などの有形の具体的サービスを提供して生活条件の改善をはかるようなことが行なわれる。
  ②直接療法――クライエント自身に直接働きかける援助活動であり、クライエントのパーソナリティや行動、人間関係の歪みを治すように試みるもの

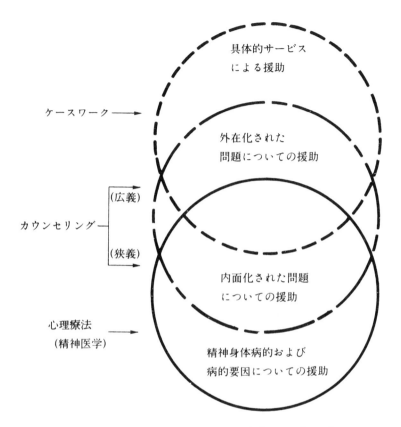

〔H.H.Aptekar The Dynamics of Casework and Counseling 坪上宏訳に加筆〕

図3-2 ケースワークの位置づけ

である。

　この直接療法は他の援助的専門職業であるカウンセリングや精神療法と共通する部分も多く、アプテカーは図3-2のようにとらえている。ケースワークは具体的サービスや心の比較的表層の部分を対象とした援助活動であり、心理療法は心の深層を対象としたアプローチであるといえよう。

　ケースワークと心理療法の中間に位置しているカウンセリングは大きく2つ

に分けて考えることができる。広義のカウンセリングは問題の情緒的要素よりも知的要素を重視し、感情的過程よりも認知的過程を重んじ、パーソナリティの再構成をめざすというよりもむしろ問題解決中心である。それに対しカウンセリングを狭義にとらえる立場では、カウンセリングと心理療法を同意語として使用し、その対象についても正常な人よりも何らかの異常ないしは情緒的問題をもった人ということになり、治療則勺もパーソナリティの変答とか再構成と考えているのである。それ故、広義のカウンセリングやケースワークの直接療法では受容や反射の技法を用いてクライエントの問題の明確化や心理的にサポートする援助活動が中心となるのである。

(4) ケースワークの援助目標

ケースワークの定義からも明らかのようにケースワークの援助目標はクライエントの主体的な生活やパーソナリティの発展を促すことである。いわば「個人的・社会的機能の向上」を終局の目標としているといえよう。しかし、いきなり終局目標に到達することはなかなか困難であるから、中間目標を設定することが現実的である。パールマンも中間目標を終着駅に至る「中間駅」と名づけている。

中間目標はワーカーの所属する機関の性格や、ワーカーの熟練度、クライエントの意識や面接に費やすことのできる時間等によっても柔軟に変えざるをえない場合もあろう。このような諸要因を考慮しながらワーカーは、目標達成

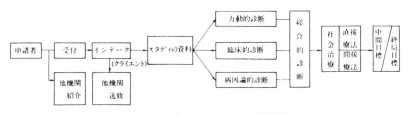

図3-3　ケースワークの展開過程

に必要な治療技法を選択するという問題に直面するのである。ワーカーはその際、もっとも経済的で、合理的で、効果的な方法を選ばねばならないのである。(小松源助編「ケースワーク論」85頁　有斐閣1975)以上インテークから目標までをわかりやすく図示したものが図3-3である。

4　ケースワークの原則

バイステイク(F. P. Biestek)は他者から一時的であっても援助を受ける心理社会的問題をもった人びと——クライエントの基本的な人間的欲求を7つに集約し、それに対応するケースワークの原則を導きだしている。(表3-2参照)

この7つの原則は基本的真理に基づいた活動の原則であり、ケースワーカーとクライエントの両方に適用されるものであるとも述べている。

①個別化——人間の顔に象徴されるように二人と同じ人間は存在しない。生まれも育ちも他の人々と異なることを十分認識しクライエントの個性を尊

表3-2　相互作用の方向と原則

第一の方向 クライエントの欲求	第二の方向 ケースワーカーの反応	第三の方向 クライエントの覚知	原則の名称
1. 個人として取り扱われること 2. 感情を表出すること 3. 問題に対して共感的反応を求めること 4. 価値ある人間として取り扱われること 5. 審判されないこと 6. 自分自身で選択と決定をなすこと 7. 自己に関する秘密を守ること	ケースワーカーはこれらの欲求に対して敏感であり、理解し、適切に反応する	クライエントはケースワーカーの感受性、理解および反応をなんとなしに覚知する	1. 個別化 2. 意図的な感情の表出 3. 統御された情緒関与 4. 受容 5. 非審判的態度 6. クライエントの自己決定 7. 秘密保持

〔F.P.Biestek The Casework Relationship　田代不二男他訳「ケースワークの原則」誠信書房　1965〕

重し、理解するように努めることである。個別化は、人間が個性的であるべきであり、かつ不特定のたんなる一人の人間一般としてではなく、人格的差違のある特定の人間として取り扱われるべき人間の権利にもとづいているのである。

②意図的な感情の表出――クライエントがその感情を自由に、特に、その否定的感情を表出する必要のあることを認識することである。ケースワーカーは、これらの感情の表出に水をさしたり、あるいはそれを非難したりしないで、時には、援助するうえで必要と思われる場合には、積極的にそれらの感情を刺激したりすることも有効である。

③統御された情緒的関与――ケースワーカーは訓練によって身につけた感受性を働かせて、クライエントの感情を理解し、反応していかなければならない。

④受容――ケースワーカーは、クライエントをひとりの人間として尊重し、現にあるがままのクライエントの姿を理解し援助することが大切である。受容の目的は、クライエントが現にあるがままの自分を表に現わし、そのような自分自身を眺めることに安心感をもち、したがって自分の問題と自分自身をもっと現実的な仕方で処理することができるために、クライエントが望ましからぬ防衛から自己を自由にするよう援助することである。

⑤非審判的態度――ケースワーカーは裁判官ではなく社会福祉の領域で働く人であるから、自己の価値感や倫理観からクライエントを裁いたり、批難するべきではない。しかし、クライエントの態度、基準あるいは行動について評価的判断を行なうことはなすべきであろう。

⑥クライエントの自己決定――ケースワーク過程において、みずから選択と決定を行なう自由についてのクライエントの権利と欲求を実際に認めることである。この原則に相応するケースワーカーの任務は、クライエントが社会資源を活用できるように援助することによってみずから自己の進むべ

き方向を決定するクライエントの決定を尊重し、その欲求を認め、さらに潜在的な力を刺激し、活発化するように援助することである。

⑦秘密保持――ケースワーカーとクライエントとの間に結ばれる専門的関係において打ち明けられる、クライエントに関する情報は秘密にされなければ、効果的な援助は行ないえない。秘密保持は、クライエントの基本的権利に基づくものであり、ケースワーカーの倫理的義務でもある。(F. P. Biestek The Case-Work Relationship　田代不二男他訳「ケースワークの原則」49〜198頁　誠信書房1965)

以上の諸原則は相互に補完しあうことにより望ましいケースワーク関係を形づくるものであり、これらの原則はまさにケースワークの魂であり、思想ともいえるものである。

【文献】
（1）仲村健一著「ケースワーク」誠信書房　1970
（2）仲村優一著「ケースワーク教室」有斐閣　1980
（3）吉田宏岳編「保育・養護のための社会福祉の方法」相川書房　1978
（4）小松源助編「ケースワーク論」有斐閣　1975
（5）H. H. Perlman Social Casework　松本武子訳「ソーシャル・ケースワーク」全国社会福祉協議会　1966
（6）F. Hollis Casework　本出祐之他訳「ケースワーク」岩崎学術出版社　1966

第4章　面接の構造と技法
—かかわりの基本—

1　施設における処遇

　施設における処遇は生活全般に及び、その処遇にもさまざまな工夫がなされている。多様な対応をするためにも施設職員には幅広い専門的知識と高度な援助技術が求められているといっても過言ではないであろう。ここではまず施設における処遇を分類整理することからはじめてみたい。

（1）基本的処遇
　社会と施設の接点ともいうべき入退所やアフター・ケア等に関する処遇である。施設へ入所してくる人たちの理由はさまざまであるが、多かれ少なかれ、施設へ入所することによっていままでの生活はそこで断ち切られ、新しい生活がスタートする。そのために入所者は少なからず動揺するものと思われる。そこで配慮しなければならないことは、その個人の生活の一貫性を大切にしながらも、施設生活へいかに早くなじませるようにするかといったことであろう。——換言するならば、スムーズに施設生活に適応できるように援助することである。そのために施設関係者（特に指導員等）は入所理由や入所者の心身の状況を措置機関からきいておき、入所のための準備や対策をたてることが重要である。
　退所の場合にも同じような配慮が、いや入所の時以上に必要ではないだろうか。それは退所によりケアできなくなるからでもあり、また、法的にもかかわ

る余地がなくなるからでもある。一般的に退所には家庭引取り、就職、措置変更、児童の場合には養子や里子といったケースもあろうが、いままでなれ親しんだ施設を出て、新しい社会にとびこむことは不安もあろうし勇気も必要なことである。そこでの生活が確立できるように、アフター・ケアの体制をつくり、何かあった場合に援助できるようにしておくことが望ましい。さらに、家庭復帰の場合には家庭調整の方法もあった方がよい。施設に入所していた者を迎える家庭が健全でなければ困るからであり、保護、養育の機能がなければ、入所者の福祉は守られないからでもある。

（2）日常生活処遇

　施設生活を支える最もベーシックな部分の処遇であり、それは食事、睡眠、衣服、住居、小づかい、しつけ、レクリエーション、保健衛生、精神保健等生活を構成するあらゆる分野にわたっている。このような各々の生活領域において入所者の低下している能力を補助し、指導していくことが必要であり、大きく生活指導、訓練とも表現することが可能であろう。その目標として
　　①情緒の安定
　　②好ましい行為や人間関係の形成
　　③基本的生活習慣の形成
　　④保健・精神衛生の増進
　　⑤精神的・社会的自立
といったようなものが考えられる。いわば精神的安定と自立をはかることにより、施設での生活を安定化・定着化させようとするものである。これを基礎により高次の生活形成をはかり、ひいては社会復帰することを促そうとするものである。

（3）特別活動処遇

　施設の生活は集団生活のために規制も多く、集団生活を考慮するために最大公約数的なシンプルで単調な生活のくり返しが多いものである。また、共有空間の大きさに反比例し、私的空間はあまりにも狭いのが現実であり何となく圧迫感を感じさせる生活ではないかと思われる。そんな日常生活に変化をもたせ、楽しみをみいださせることを目的として特別活動処遇が導入されている。

　この特別活動というのは非日常的活動であり、キャンプや旅行、レクリエーション活動等が行なわれることが多い。また、音楽会や美術館の見学等の文化的な行事も含まれる。いってみれば、施設全体や寮等の集団で実施され、あらかじめ年間計画の中に組み込まれていて計画的に行われるのが一般的である。

（4）治療・訓練的処遇

　基本的処遇・日常生活処遇や特別活動処遇は入所者全般を対象としているのに対し、治療・訓練的処遇は何らかの問題をかかえている入所者を援助し、問題解決をはかっていこうとするところに特徴がある。この治療・訓練的処遇は施設が本来有している専門的機能を発揮して治療・訓練・指導等を行うものである。

　具体的には社会福祉の援助技術であるケースワーク、グループワーク、コミュニティワーク等の処遇やリハビリテーション等の医療的処遇を、各々の施設の設備やスタッフにより、入所者や地域住民の福祉に寄与するように実践することである。そして、この専門的な治療・訓練的処遇が日常生活的処遇とバラバラではなく、総合的に実践されることにより一層効果的な処遇となりうるのは明らかなことであり、援助を重層的に利用できることがまさに入所している者のメリットなのであろう。

　以上の4つの処遇の関連を図4－1のように図示することができよう。

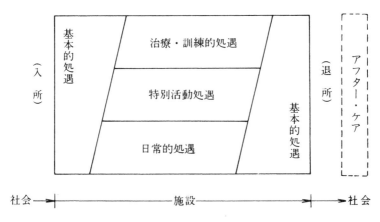

図4-1　施設処遇の類型と関連

2　面接の構造

　社会福祉実践はすぐれて、対人的・対面的性格をもっている。それは、社会福祉のサービス内容が金銭等の事務的・機械的給付という例外を除いて、そのほとんどすべてが、人と人とのかかわりをぬきとしては、サービスを要求し、利用しているクライエントの具体的な需要を充たすことが不可能であるからである。従って、社会福祉実践にたずさわるすべての人びとは、あらゆる場面で対人的・対面的な関係―面接をぬきにして日常的な業務は成り立たないことになる。(仲村優一他編「社会福祉実践の方法と技術」119頁　有斐閣1984)　施設処遇においても面接が基本ではないかと思う。

　面接はきわめて日常的な営みでもあり、簡単にいえば、相手と直接あって話すことであり、日常経験においても最も早く相手を理解する方法であることがわかっている。このように面接は対象(被面接者とか、クライエントと呼ぶ場合が多い)について、ありのままの情報を、豊かに効率よく、直接的に生き生きと入手することが可能なのである。それ故、面接は社会診断と社会治療を含

第4章 面接の構造と技法 ―かかわりの基本―

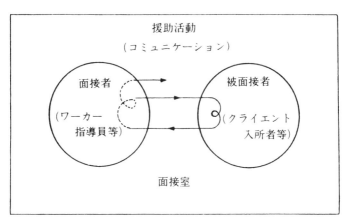

図4-2　面接の構造

めた実践全体を貫く最も基本的で重要な仕事であるといえる。

　ところで、この面接状況を図示すると図4-2のように表わすことができよう。面接は面接者と被面接者、その両方の交互作用としてのコミュニケーション、そしてコミュニケーションの展開される場としての面接室といった4つの構成要素から成り立っていることがわかる。

（1）面接者

　どのような人が面接者として望ましいのであろうか。フロム・ライヒマン（F・Fromm-Reichmann）は精神科医は少なくとも他人のいうことに心から耳を傾けうる人間でなければならないといっている。この言葉は精神科医のみならず、人間の成長を援助するすべての職業にたずさわっている人々――カウンセラー、ケースワーカー、教師等にも妥当することではないだろうか。他の人が自発的にのべることを聴き、これをまとめ、しかもこれにあやまった方法で反応しないようにすることは、特殊な訓練を受けていない場合ほとんど行ないえない対人交渉のアートなのである。

　さらに、この真に聴くことに加え、被面接者をよく見る――観察することも

大切なことである。見ることと聴くことは相手を理解することへ至る王道だからである。面接者はそんな意味ではサリバン（H. Sullivan）のいう「関与しながらの観察者」なのであり、理論（知識）と技術と自己のすべてを使って対象者の福祉実現をはかる存在なのである。

（2）被面接者

面接を受けにくるすべての人が自分から望んで面接にきているわけではないのが現実であろう。いやいや面接を受けたり、自分の問題として考えずに来談している場合もあろう。しかし、重要なことは自分自身の問題として自分で問題を解決しようとしないかぎり、本質的な解決はありえず、自己実現もありえないといったことである。それ故、面接への動機づけや期待といったことが大切な要因となってくる。また、面接は主に言語的レベルで進められるために知的水準や精神的健康——自我機能の健全さといった部分も面接過程に深いかかわりをもつといえよう。

（3）コミュニケーション

面接は複雑なコミュニケーションの柑咽である。被面接者を理解するためのさまざまなヒントがそこには隠されている。それに気づくかどうかは面接者の感受性の豊かさによることが多いのである。パイファ（E. Pfeifer）はコミュニケーション系路を次のように整理している。

①音声によるコミュニケーション
　　a．語や文　b．辞書的ことばにならない発声　c．音調　d．無言
②身体言語
　　a．姿勢　b．身振り　c．表情
③視覚的コミュニケーション
　　a．服装や身ずくろい　b．装飾　c．アイ・コンタクト

④接触
　ａ．実際の接触　ｂ．接触を象徴する身振り
⑤脈絡
　ａ．コミュニケーションが行なわれる場面
　ｂ．コミュニケーションが行なわれる時間
　ｃ．交渉しあう人の物理的距離
⑥地位の象徴
⑦メタコミュニケーション

面接者は音声によるコミュニケーションを主としながら、何を被面接者が語るかと同時に語られ方——表情や態度を通して共感的に理解するように努めることが大切なことではないだろうか。

（4）面接室

　コミュニケーションが行なわれる面接室の条件について考えてみたい。面接室はこじんまりとした、明るく、落着いた雰囲気の部屋がよい。さらに隣室の声が聞こえない——換言すれば、室内の会話が外にもれないような構造であり、静かなところに位置している方が望ましい。また、細かいことではあるが、面接者と被面接者の椅子のならべ方にも配慮したいものである、一般的には対面式のＡ型が多いようであるが、神経質なクライエント等にはＢ型を用いるこ

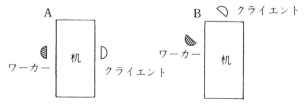

図4－3　座り方のタイプ〔L. M Brammer, and E. L Shostrom "Therapeutic Psychology"〕

とも有効ではないだろうか。要は面接を受ける人が面接室の中で自由にのびのびとありのままの自己を表現できるような状況を面接者がつくりだすことである。（図4－3参照）

3　面接の技法

面接の技法をそれを用いるワーカーの人柄と切りはなしてしまい、ただ単に技術としてのみ考えることはできない。ワーカーは自己と他者のかかわりの中で、自らを臨床的道具（clinical tool）として活用することによって対象者の成長を促進するのである。それ故、技法とワーカーの人柄は不可分であり、そんな意味ではアート（art）と考えられるのである。ここでは面接における主な技法をブラーム（L. M. Brammer）とシュストロム（E. L. Shostrom）の折衷的立場に準じて簡単に紹介しておきたい。

（1）場面構成

多くの場合問題をかかえている人は対人関係においても拒否的なことが多く、そのために面接を受けることに消極的である。最初の面接に対しても固い防衛を崩さず、自分自身の問題についてもあまり責任を感じようともせずにいることが多いものである。

このような状況の中でまず面接者がやらなければならないことは、暖かい個人的関係と相互信頼の雰囲気をつくりだすことによって、クライエントに安心感と安全感を抱かせることである。こうした心のふれあいのある理想的なかかわりができる状態をよいラポール（rapport）の状態にあるという。

ラポールを生み出すためにワーカーが心がけることとして、クライエントを一人の人間として尊重し、丁重なあいさつをしたり、面接のとりきめ事項を明確化──場面構成することは不可欠のことといえよう。

場面構成の技法はクライエントに援助に関する枠組みや方向づけを与えるものである。場面構成の主な内容は面接についての説明と面接を受けるにあたっての取決め事項——制限であり、それによって援助関係をより安定化させようと試みるものである。
　この取決め事項には次のようなものがある。

①時間——各面接には一定量の時間しかさきえない。通常週1回1時間である。

②行為——言葉による表現は全く自由であるが、直接行為に表すことは許されない。行為化（acting out）することにより二度と安定した援助関係を形成することが困難だからである。

③面接料——料金は原則としてとるべきであり、初回面接にてはっきりと金額を決める必要がある。それは料金を払うことにより対等の人間関係もできるし、治療に参加しているといった実感もわき、動機づけも強まるからである。但し生活に困窮している人に対しての例外規定はあった方がよいし、社会福祉の分野の相談は無料なのが一般的である。

④秘密保持——面接の中においてクライエントがうちあけた秘密は他にもらしてはならない。秘密保持はクライエントの基本的権利ともいうべきものであり、ワーカーが守るべき倫理義務でもある。さらに効果的な援助を行なうためにも不可欠な条件である。

　場面構成は援助関係の安定度を高める手段として用いられるのであって、けっして目的ではないが、場面構成をうまくやれないワーカーは、ケースワークをよく知らないクライエントに対して、その資格がないともいえよう。

（2）受容

　「ウム、ウム」とか「なるほど、それで」とかいう受容れの態度を含んだところの短い言葉で応答する、表面上はきわめて単純な技法であるが、ワーカー

の許容的・受容的態度や精神をクライエントに伝えていくことは大変むずかしいことでもある。

受容の技法の価値は
① それまでの話題にそって話を続けていくということへの刺激剤として作用する。
② 1つの考えから次の考えへの橋渡しの効果があり、それぞれの話（面接会話の単位）に前進的な感情を与える。
③ 防衛から自己を自由にすることにより、安全感が高まり、少しづつ自己受容できるようになっていく。それにともない他者受容も可能となっていく。

といったことが考えられる。また、実際に受容の技法を用いる場合は、
① ワーカーの表情とうなずきにより、クライエントの話に真の関心を抱いていることと、誠実さを伝えるようにする。
② 聞きとりにくい小さな声は無関心ではないかと、逆にあまり大きな声は無神経であるとクライエントに受けとられがちである。はっきりした発音で少しゆっくり話すように心がけ、声の調子や抑揚にも注意した方がよい。
③ クライエントの方にいくぶん身をのりだすことによって積極性を、くつろいだ姿勢をとることによって友好的な感じを与えるように努めるとよいと思う。

（3）反射

感情の反射はクライエントによって表示された中心的な感情と経験を、ワーカーが新鮮な言葉で表現し、返す試みである。ワーカーはクライエントが自己理解ができるように、クライエントの感情や経験を自らが鏡となって映しだすのである。具体的には「あなたは……と考える」「あなたは……と感じる」といった表現の仕方で返すのである。その反射の有効性は
① 反射は基本的には支持的働きをもちクライエントは深く理解されたと感じ

る。
②反射は明瞭化と単純化の機能を果たし、自己の状況をより的確に客観化することが可能となり、自己理解を深める。
③助言や意見を与えない反射の技法によって、クライエントは自分で自分のことが決められるようになる。
④反射の技法はクライエントに自分の問題は自分自身で責任をとるように感じさせる。

反射は、最初の関係づけがなされた後に、そして、情報提供と解釈の段階が始められる前に用いられる中間的な技法であり、その用い方は
①いつも最も重要な感情に焦点を合わせ適切なタイミングで反射する。
②クライエントによって表示された感情の深さと同じレベルで反応すること。
③クライエントの言ったことの意味に増減を与えないこと。
④各事態に最も適切な言葉を常に用いて反射すること。

(4) リード

リードとはワーカーがクライエントにおよぼす影響、またはクライエントの先に立って考える程度を意味し、「そのことをもっと話して下さい」「それをどう感じました」「最近起った例をあげて下さい」等の質問の形をとることが多い。リードによってクライエントは自分で選んだ話題や示唆された課題を詳しく考え、探究することにより、自分の問題について自覚を高め、後の問題解決へつなげていくことが可能となっていく。

リードの仕方の原則をあげると次のようになる。
①クライエントの現在の能力や理解のレベルで耐えられるだけのリードをすること。
②リードの量は話題ごとに変化させること。
③ラポールが成立するまでは、リードをあまり用いないこと。

（5）沈黙

　面接の中で生じるたった1分の沈黙が5分にも10分にも感じられることがある。沈黙はそれだけ大きな圧力となって援助するものにのしかかる。それは初心者ほどそう感じる傾向があるようである。空白の時間故の恐怖か、クライエントに対して何もしていないといったうしろめたさのためであろうか。しかし、ワーカーとしていかに自己を表現するかといったことと同じくらいに、沈黙についても学ばなければならないのではないだろうか。

　ところで、沈黙はさまざまな意味がこめられて援助関係の中に登場してくる。
　①否定的・拒否的な沈黙。
　②クライエントが特に苦しい感情を経験している印としての沈黙。
　③クライエントがそれ以前の感情表現の疲れから回復しつつある時の沈黙。
　④クライエントが今いったばかりのことについて自分でもう一度考えているために起る沈黙。
　⑤一つの考えが終わりに達し、次に何を言おうかと考えている時の沈黙。
　⑥クライエントがワーカーから情報とか解釈を期待し、待っているために生ずる沈黙。

　これらの沈黙の意味を臨床場面の中で的確に把握し、沈黙を建設的に活用していく必要があろう。その技法としての沈黙の価値は
　①ワーカーの沈黙はクライエントにそれだけ多く話をさせることになり、自分自身の問題に目を向けることになる。その結果、責任をクライエントに集中させる役割を果たす。
　②クライエントの沈黙を受容することによって、クライエントはだまっていても人に好かれることを発見する。
　③沈黙はクライエントが自己の感情により深く透徹することを可能とする。
　④ワーカーの沈黙は面接の進度をゆるめる。

沈黙に耐えながら、クライエントの動きを待つことの重要さを知れば知るほど、沈黙の技法の価値とそれを技法として使うことの困難さを理解することができよう。まさに「雄弁は銀、沈黙は金」なのかもしれない。

（6）解釈

解釈は元来精神分析学の用語であり、患者の無意識の中にある病的な部分を自由連想法によってさぐり、それを意識化させることにより治療しようとする技法であり、力動的心理療法においてはきわめて重要な技法である。しかし、社会福祉領域における面接ではあまり使われる技法ではないが、対象者理解や問題把握に有効な視点は与えてくれるものである。

解釈の目的は治療者が新しい準拠枠を提供することによって、クライエントが自己の問題を新しい光の中でみなおすことができ、自己解釈が可能となり、自己洞察が得られ、ひいては行動の変容をひきおこすことにある。

解釈を行なう時に注意すべきことをあげると、
①解釈は十分な情報が集められてから行うこと。
②助関係が確立し、抵抗が少ない状態の後期の面接まで解釈は控えた方がよい。
③クライエントに解釈を受容れられる準備――自我の強さがあること。
④解釈はクライエントの病的な側面だけでなく、順応する力にも関心を払って行なうべきである。

いずれにしても、解釈は適切な時期、深さ、範囲で行なわなければ有効に作用せず、かえってクライエントの抵抗をひきおこす結果ともなるものである。

（7）終結

終結の技法は2つに分けて考えることができる。1つは各面接ごとの終結の仕方であり他はケースの終結についてである。

面接の終結にあたり、クライエントがその面接に何も意義を見いだせないようでは困ることである。中途半端な状態で面接を終らせないようにするための一つの方法として、面接時間1時間のうち50分位を中心的な問題、緊急の問題を話し合うことにあて、それ以前の数分間をウォームアップのための時間に、終わりの数分間を面接のまとめにあてることもよいと思われる。一方的に時間がきたからといって打ち切るのではなく、暖かみのある雰囲気の中で、次回面接への動機づけを強めるような形で終結へもっていくことが望ましい。

　また、ケースの終結においては、面接の意義を考えながら、クライエントと共に最後の総括的要約をするとよい。そして「面接はこれで終わりにしますが、何かあったらいつでも相談に来て下さい」と言って、フォローアップのための道を開いておくことも重要であろう。(L. M. Brammer and E. L. Shostrom Therapeutic Psychology　対馬忠他訳「治療心理学」206〜252頁　誠信書房 1969)

　以上面接の概要について述べたが、社会福祉領域における面接は生活場面面接とも表現することが可能であろう。それは社会福祉の主な現場が施設であるからでもある。基本的な構造や過程はなんら異なるところはないが、個人心理療法が非日常的なかかわり方であるのに対し、生活場面面接は日常性を重視し、日常生活における具体的事件や危機場面への介入をとおして、入所者と日頃から接しているかかわりの深い職員が面接を担当するのである。いわば日常生活場面のもっているプラスの側面を積極的に評価しようとしているのである。このような考え方こそ入所者をトータルにケアすることにつながるものではないだろうか。

【文献】
（1）星野卓郎編「現代施設養護の展開」学術図書出版社1984
（2）F. Fromm-Reichmann Principles of Intensive Psychotherapy　阪本健二訳「積極的心理療法」誠信書房1964
（3）L. M. Brammer and E. L. Shostrom Therapeutic Psychology　対馬忠・岨申達訳「治療心理学」誠信書房1969
（4）福屋武人編「学生のための臨床心理学」学術図書出版社　1985
（5）木戸幸聖著「面接入門－コミュニケーションの精神医学－」創元社　1971
（6）須賀賢道他編「増訂養護理論と実際」八千代出版　1981
（7）宇治谷義雄編「実践養護理論」ミネルヴァ書房　1985

第Ⅲ部 共に生きる社会へ

第5章　知的障害者の文化活動
―社会参加を促進する一つの方法―

1　障害者文化活動の意義

（1）文化の概念
　cultureは英語でもっとも複雑で難解な単語といわれる言葉である。語源はラテン語のcolereで、colereには住む、耕作する、守る、尊敬するなどの一連の意味がある。この言葉の現代的用法は次のようなものである。
　①知的、精神的、美的発展の一般的過程を表す独立した抽象名詞で、18世紀からみられるもの。
　②独立した名詞で、一般的に使われても、特殊な意味で使われても、ある国民や時代や集団の特定の生活様式を示し、19世紀からみられるもの。
　③知的、そしてとくに芸術的活動の作品や実践を表す独立した抽象名詞であり、多くの場合、現在ではこれがもっとも普及している用法だと思われる。すなわち、cultureとは音楽、文字、絵画、彫刻、演劇、映画などといってもよいのである[1]。

同様に国語辞典をみると
　①学問、技術、教育などの退歩や普及によって、社会が発展し、生活水準が向上している状態。
　②真理、理想を追求する学問、芸術、宗教など、人間の精神的諸活動によりつくられた価値のある成果。
　③ある社会においてつくり出され、受け継がれてきた、固有の思考、行動、生活様式。
等の意味がのっている(2)。
　さらに、文化人類学における文化の捉え方にはいくつかの種類があるようである。
　①包括的な捉え方で、文化は特定の社会の人々によって習得され、共有され、伝達される行動様式ないし生活様式の体系という意味に使われてきたことが多い。このような捉え方はタイラー（E. B. Tylor）の古典的な定義に典型的に表れている。「文化または文明とは、知識、信仰、道徳、法律、習慣その他、社会の成員としての人間によって獲得されたあらゆる能力や習慣の複合総体である。」
　②文化を綿環境に対する適応の体系として見る捉え方で、メガーズ（B. J. Meggers）は、人間も他の動物と同様に生存のために周囲の環境との適応関係を保つ必要があり、人間は文化を媒介としてこの適応をとげていくと述べている。この立場では技術、経済、生産に結びついた社会組織の諸要素が文化の中心領域と見るのである。
　③文化を観念体系として捉える立場で、たとえばキージング（R. M. Keesing）は文化を一つの観念体系として捉え、「文化は、この意味では、人間が生活する様式の基礎となり、それに表現されるような、共有される観念の体系、概念や規則や意味の体系からなっている」と述べている。
　④文化を象徴的体系として捉える立場で、シュナイダー（D. Schneider）は

文化を、象徴と意味の体系であると定義し、そして文化はカテゴリや行動に関する規則からなると考えている。ギアツ（C. Geertz）も文化を「象徴的形態に表現され、歴史的に伝えられる意味のパターン」と定義し、象徴は「物体、行嵐出来事、性質、関係について、意味内容をあらわす媒介手段となるものである」と述べている[3]。

このように文化は複雑多岐な内容を含んでいる言葉であるが、「人類学の文化の概念は20世紀の思想における最も重要な影響力のあるアイデアの一つであった」とキージングが述べているように、文化の視点は今後の人間理解や社会福祉においても不可欠なものとなるであろう。そして現在、文化という言葉は二つの意味を含んで使用される場合が一般的である。狭義には芸術的活動——音楽・文学・絵画・演劇等の作品や実践として、また広義には、ある国民や時代の集団の特定の生活様式を示すものという使われ方をするが、文化からの発想により施設での生活のみなおしやあり方（生活様式）の検討が行なわれ、より豊かな生活の実現がなされることを期待したいものである。

（2）施設生活の特性

施設と家庭を比較することから、施設生活の特徴を抽出してみたい。親子関係は自然発生的な関係ともいえるが、施設はあくまでも人為的に、同じ問題や障害をもっている人々を集めて、意図的につくられた集団である。そのため、施設は集団の規模が家族に比べると大きいといわざるをえない。そして集団が大きくなると、どうしても生活の標準化ということが起き、約束事がふえ、生活にさまざまな制約、規制ができてくるのである。この弊害をなくすためにユニット化や小舎制をとり入れてはいるが、極めて少人数である家族と比較すれば、施設の人数はあまりにも多すぎ、個別ニーズへの対応は困難となってくるのである。

さらに、施設は公のもので、法的制約があったり、ニーズの高い利用者や緊

急度の高い利用者を優先することは当然のことといえる。私的で運命共同体ともいえる家族とは根本的に異なるところがあるといえよう。

また、施設の人間関係は不連続である。社会福祉従事者といえども労働基準法を遵守しなければならないので交替制勤務となり、24時間生活を共にすることはできない。親子関係にはない退職や転勤等もあるので、なかなか一貫性のある関係を継続することはむずかしいのである。

このような施設生活の特性に加え、ゴッフマン（E. Goffman）によると、ある種の施設——障害のある人々の施設、精神病院、刑務所、兵営、僧院等における包括的ないし全制的性格は外部との社会的交流に対する障壁、ならびに物理的施設設備自体が障害物になっているとし、そのような施設を全制施設（total institutions）と呼んでいる[4]。

精神科医ラッセル・バートン（R・Barton）は拘禁することにより生ずる精神的症候群を「収容神経症」（institutional neurosis）と名づけ、精神病院や捕虜収容所、孤児院、刑務所等の収容所（ゴッフマンの全制施設）で発生していると述べている。

そして、この収容神経症の症状はリハビリテーションにより消失するし、医師や看護師がこのような症状に注意を払い、活気ある病棟づくりを心がけているところでは発生しない）とも言っているのである。それ故、対策としては、

①あらゆる可能な手段によって、家族や社会との関係を確立すること。

②患者を活動的にさせること。

③医師や看護師の態度を民主的に、病棟を家庭的で自由な雰囲気にすること。

④友人関係をもつように勧め、プライバシーを尊重し、患者に個人的な所有物を持つことを認めること。

等である[5]。施設化（institutionalism）には施設側が治療や援助という名のもとに拘禁状況を永続させ、積極的に退行現象や受身的依存性、精神荒廃状態をつくりだしたのだという視点をもっているのである。

第5章　知的障害者の文化活動 —社会参加を促進する一つの方法— 79

そのために今、施設のあり方、運営のあり方が問われているのだといっても過言ではない。障害者の自立を支援する基本的考えをまとめると

① ノーマライゼーション——バンク—ミッケルセン（N・E・Bank—Mikkelsen）によると「知的障害者の人たちができる限り普通の人々に近い暮らしをすること」であり、重要なことは障害者をノーマライズすることではなく、環境をノーマライズすることなのである。
② クオリティ・オブ・ライフ（QOL）——障害者の生命の質、生活の質、人生の質を向上させること。
③ リハビリテーション——障害を持つ人々に対して、人間としてふさわしい権利、資格、尊厳等を回復すること。
④ 完全参加と平等——国際障害者年のテーマでもあるが、障害者が社会生活に参加し、社会・経済の発展に寄与し、普通の人々と同等の経済生活を享受する権利を実現すること。[6]

それ故、施設生活のなかで、余暇を活用し利用者をより活動的にすることや、文化活動が障害者の生活の豊かさを保障する上できわめて重要な意味をもち、今後の社会参加へとつながるものではないかと考えている。

（3）知的障害者の文化活動

余暇は仕事やさまざまな義務、拘束から離れて自由に自分らしく過ごす時間である。いわば、生活のゆとりの代名詞といってもよいもので、余暇をどのように過ごすかが、実り豊かな人生の実現にとって大きな課題となるといってもよいであろう。いいかえれば、衣食住とならぶ重要な「生活課題」として、余暇が意識されるようになってきたわけである[7]。それは障害者にとっても同様である。

ところで、余暇と文化の関係を考えるにあたり、余暇活動の分類から初めてみたい。薗田碩哉は「遊びの構造論」において旅を含む5類型に、瀬沼克彰は

第Ⅲ部　共に生きる社会へ

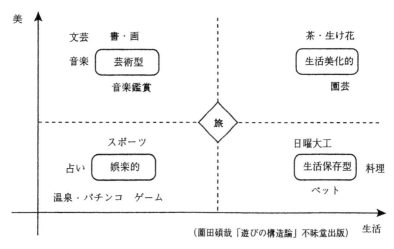

図5－1　余暇活動～趣味の4領域

創造的余暇活動として4領域に区分している。この分類を参考にすれば余暇の概念は文化活動――特に芸術的活動より幅広いということになり、薗田の分類では芸術型・生活美化的、瀬沼の領域芸術文化・生活文化が文化的活動に該当するといえよう。

　昨今、知的障害者の文化活動について関心が高まっているが、それは文化的接近が生活の豊かさや生活の質（QOL）を考えるために重視されなければならないからである。そんな意味では、知的障害者の就労援助に力点をおき、自立を促す今までの福祉政策が変化しつつあることを示唆している。

　芸術活動に言及すると、多分に行事的ではあるが全国各地で多様な取り組みがみられるようになってきている。例えば、東京都では①文化振興事業としてふれあいコンサート。②障害者カルチャー・コーナー等の運営事業として絵画、彫刻、書道等の障害者カルチャー教室の開講やその受講者の作品展、障害者総合美術展の開催。③障害者の日記念ふれあいフェスティバルでの障害者芸能活動の発表等を実施している。他に「かく・つくる・つかう・美生展」「福

第5章　知的障害者の文化活動 —社会参加を促進する一つの方法—

```
┌①体育・スポーツ
│　　スポーツ、武道………球技、陸上、体操、格闘技、水泳、スキー、スケート、ヨット、
│　　　　　　　　　　　　乗馬、射撃、柔道、合気道、居合道、剣道、拳法、空手、弓道
│　　　　　　　　　　　　等
│　　各種体育……………トリム運動、サーキット、トレーニング、早朝マラソン、早朝
│　　　　　　　　　　　　体操、ボディビル等
│　　野外活動……………キャンプ、オリエンテーリング、ハイキング、登山、サイクリ
│　　　　　　　　　　　　ング、釣、狩猟等
├②芸術文化
│　　演劇………………伝統演劇（歌舞伎、能、狂言、文楽等）、現代演劇、前衛劇、陰
│　　　　　　　　　　　　影劇、人形劇、パントマイム等
│　　音楽………………邦楽、洋楽、歌劇、歌謡曲、ポピュラー音楽等
│　　舞踊………………日本舞踊、剣舞、仕舞、クラシック・バレエ、モダン・バレエ、
│　　　　　　　　　　　　モダン・ダンス、社交ダンス、フォーク・ダンス、タップ・ダ
│　　　　　　　　　　　　ンス等
│　　美術・工芸…………絵画、彫刻、書道、各種デザイン、工芸、マンガ等
│　　文芸………………小説、詞歌、評論、随筆、童話等
│　　映画・写真…………映画、8ミリ映画、ビデオ映像、写真
│　　大衆芸能、民族芸能…落語、漫才、講談、奇術、曲芸、浪曲、民謡、詩吟、各種民族
│　　　　　　　　　　　　芸能
├③生活文化
│　　茶華道………………茶道、華道、香道
│　　園芸、観賞動物………盆栽、水石、盆石、盆景、観賞草花、樹芸、菜園芸、観賞用の
│　　　　　　　　　　　　犬、猫、錦鯉、金魚等
│　　服飾、料理……………和洋裁、着付、手芸、各種料理、自然食
│　　諸工作………………日曜大工、プラモデル、マイコン等の諸工作
│　　コミュニケーション…ミニコミづくり、ハム等
└④学術・教養
　　　語学、会話……………諸外国語、文章、話し方等
　　　考古、歴史……………資史料発掘、地方史編纂、歴史探訪等
　　　自然観察………………天体観察、気象観測、野鳥観察、植生観察等
　　　その他分野の研究、調査
```

（瀬沼克彰「複眼的生活のすすめ」みずうみ書房）

図5－2　創造的余暇活動の領域

祉MY HEART美術展」「ワンダーアートコレクション」等の開催もあり、定期的に発表の場が用意されていることは好ましいことといえよう。平成6年6月には日本障害者芸術文化協会が発足したことは画期的出来事といえる。さらに、各施設においても地域の伝統工芸をとり入れたり、絵画や切り絵、織物や陶芸等を積極的に展開しているのである。

　豊かな社会になって障害者の文化活動をサポートすることも可能になってきたことも事実であろうし、逆に、文化活動への着目は、人々の暮らしがモノへの満足からこころの満足に変わってきた経済成長の軌跡、時代の流れとも合致している[8]。文化活動は人間の手で作り出していく活動であって、充実した豊かな生活はけっして与えられるものではなく、自らの手で、またはみんなと共に創り出していかなければならないものなのである。このようなことから文化活動の基本的特徴を創造と協同にみいだすことができるといえよう。

（4）文化活動の効用

　文化活動の効用について考察してみたい。
　デュマズディエ（J・Dumazedier）は余暇のもつ3つの機能として休息・気晴らし・自己開発を摘出、余暇に積極的意味を与えることによって人間らしい生き方を提示した。
　第1の休息は疲労を回復させる。ハードな肉体労働から人々は解放されてはきたが、労働密度の増大、複雑化する生産工程、ハイテクによる緊張の高まり、通勤距離の遠隔化などのため、肉体的精神的摩滅、疲労が増大している。だから余暇がますます必要となるのである。
　第2の気晴らしは人間を退屈から救出する。労働現場に広がった単調な繰り返し作業、人間疎外がもたらす自己喪失の日常的生活から脱出しなければ窒息しかねまじき高度管理社会の形成。だから日常的世界と隔絶した世界への逃避が求められているのである。現実世界で脱出するとすれば、旅行や遊びやス

ポーツとなるのである。架空世界へ脱出するなら、映画や演劇や小説に向かうのでないでしょうか。

　第3の自己開発とはどういう機能なのだろうか。余暇は与えられる決まりきった日常的思考や行動から個人を解放する。そして、より幅広い自由な社会的活動への参加や実務技術的な訓練以上の純粋な意味あいをもつ肉体、感情、理性の淘冶を可能にするのである。

　デュマズディエはこれら3機能を明らかにしつつ、次のように余暇を定義している。余暇とは、個人が職場や家庭、社会から課せられた義務から解放されたときに、休息のため、気晴らしのため、あるいは利得とは無関係な知識や能力の養成、自発的な社会的参加、自由な創造力の発揮のために、まったく随意に行なう活動の総体である[9]。

　文化活動は余暇の重要な部分を占めるものであり、仕事の疲れやストレス解消になったり、リラクゼーションの機能を果たしたり、自己充実をはかるような機能を有しているのである。

　さらに文化活動の特性である協同——他者への思いやりや友人や仲間が多くなるといった人間関係面での変化と、音楽の創作、貼絵や書の製作といった行為の中に創造の機能も当然のことながら見いだすことができるのである。

　また、文化活動は、物質的活動であれ、理念上の活動であれ、二つの目的に奉仕するものであり、この二つの目的とは、文化活動に勤しむ人間に「有用性」と「快楽獲得」を創り出すとフロイト（S・Freud）はいっているが、楽しくなければ継続した文化活動は困難といえよう。

2　文化活動を生活の豊かさのために

（1）QOLへの注目

　クォリティ・オブ・ライフ（Quality of Life = QOL）という言葉が聞かれる

ようになって久しいが、この言葉は1980年代に入り、主に医療の分野、殊にターミナルケアの領域において使われるようになった。元来、このQOLという概念はイギリスやフランスで発達し、現在では医療や福祉の分野で使われているが、このQOLという言葉は産業界を起源としている。18世紀世界で最も早く産業革命が起こったイギリスでは、経済は繁栄し物質的には豊かになっていったが、産業革命により労働者の労働条件は悪化し、また、産業廃棄物の汚染等の為に人々の生活が非常に悪化したのである。その結果、人間を不幸の状態に陥らせていることが問題にされるようになったのである。つまり、QOLという概念は、産業界において環境の破壊というところに端を発していたのである。アメリカでは1960年代に入り公民権運動や消費者運動が盛んになるなかで、個々の市民の生活の質を考える意識が強くなっていった。そのような時代背景の中で1968年、ローマにおいてローマクラブが開催され、そして急速に発達する工業化にこのままでは人間が殺されるという警告を出し、QOLを訴えたのである。またその前後から医療の世界においてホスピスが創設されるようになり、QOLという概念は医療、さらには福祉の世界へ広く浸透していったのである。

　一般的にQOLは「生活の質」と訳されているが、人々の生活内容を主として物質的側面から量的にとらえる生活水準と異なり、非物財的側面も含めて質的にとらえた概念である。生活の質は、生活の快適性ともいえる。人びとの生活が真に豊かであるかどうかは、モノと心、他人と自分、生産システムと生活システムなどの調和とバランスを前提としているのである[10]。

　このQOLについてダルキー（K・C・Dakty）は「個人の安定感、生活上の満足・不満感、あるいは幸福感・不幸感」とし、ミッチェル（A・Mitchell）は「個人のニーズに対する認識しえる満足感」と定義している。また、ベン（A・W・Benn）は「人びとの裕福、満足な生活にするための社会システムの創造」と定義していることからもQOLの概念は意識と環境といった要素から構

第5章 知的障害者の文化活動 —社会参加を促進する一つの方法— 85

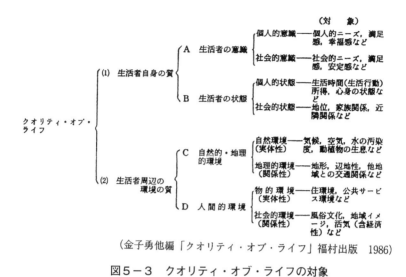

（金子勇他編「クオリティ・オブ・ライフ」福村出版 1986）

図5-3 クオリティ・オブ・ライフの対象

成されている概念であることがよくわかるのである[11]。（図5-3参照）

　QOLは人間としてよりよく生きていくことの質と考え、障害者問題にあてはめると、障害者は健常者と異なる存在ではなく、単に障害という付帯的な条件が加わっただけである。ただし、QOLは意識的側面を含むことから、障害に起因する複雑な要因があることは事実であろう。障害が原因で人間として生きていくことに二次的な障害になりうる要素に対して、社会は環境を整える責任が求められ、同時にそれは社会の義務であるといえるのである。

　QOLは人間の諸活動を理解する上で全体的な理論的枠組みを構築し、それは本質的、説得的、平等主義的、さらに民主主義的な概念である。QOLについて議論することは、障害をもつ人びとの権利や能力を認識するイデオロギー、言葉、支援形態の発展を促進するものであろうし、今後、QOLの概念は脱施設化、ノーマライゼーション、地域生活の概念にとって代わる重要なものとなると思われる[12]。

（2）豊かな生活のために

　誰でもが風邪をひくように、誰でもが障害者になる可能性をひめている。しかし、人びとは障害者を別世界の出来事とし、自己の問題とはしないことが多いものである。そして、障害者をみると「かわいそう」とか「気の毒」と表現する。障害は一般にネガティブな固定したものとみなされることが多く、障害があるために日常生活を営む上においてさまざまな不便が生じやすく、自立が損なわれがちになることが多い。自立を促進するためには補助具が必要となったり、介護を受けなければならない場合もある。さらに、生活環境を整備したり、特別に改良することもあり、経済的負担も大きくなる。また、常時介護が必要な場合は、その介護にあたる人の精神的・肉体的疲労は大変なものといえるのである。

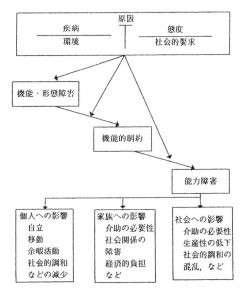

（中村隆一「病気と障害、そして健康」海鳴社1983を一部修正）

図5－4　能力低下の過程と影響

第5章　知的障害者の文化活動 —社会参加を促進する一つの方法— 　　　87

　このように自立が損なわれ、行動圏が狭くなることは社会関係も狭くなることを意味し、必然的に生活経験も乏しいものになりがちである。障害に起因する問題は重層化し、機能・形態障害から社会的不利へと深化拡大していく傾向をもっているといえよう。(図5－4参照)

　それ故、障害を深化・拡大させないためにも障害の各レベルでリハビリテーションや社会福祉の援助活動が必要となってくるのである。特に障害のある人の社会的不利を予防するためにも社会環境への接近は必須のことといえよう。環境条件を社会福祉の実践で変えることによって生活しやすい状況も生まれてくるのではないだろうか。(図5－5参照)

　さらに最高のQOL実現のための一構成要素として、環境条件のなかで文化活動ができうるかどうかを問題としてとりあげたい。文化活動は協同と創造を特性としており、人と人を結びつけ、その人を自己実現へとむかわせしめるものである。繁成剛は、とかく障害という言葉にはマイナスのイメージがつきまとうが、自己の内面を見つめ、それを芸術と表現するには、むしろプラスとして転化するのではないか。日常の忙しい生活に大切な心を亡くしているのはむしろ健常者である私たちではなかろうかと述べて、障害者の芸術には魂が伝わる感動があり、芸術は障害という垣根を越える力をもっていることを力説して

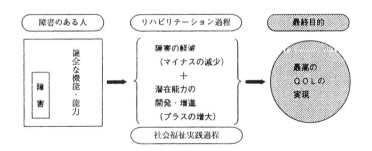

(上田敏「目でみるリハビリテーション医学」東京大学出版会1994に一部加筆)
図5－5　リハビリテーションのめざすもの

いる。

　このように考えていくと、障害のある人にとっても文化活動ができうることは大きな意味をもち、文化活動が実践できるような環境条件も重視されねばならないのである。障害のある人が豊かな生活を送ることができるかどうかのひとつとして、文化活動は指標となりうるものなのである。そんな意味では、今後益々障害のある人の文化活動が注目されることになるだろうし、文化活動が障害のある人の生活の拡大と能力の伸長、生きがい形成に寄与するならば大変有意義なことといえるのである。

（3）文化活動支援のための提言

　文化活動はそれを行なうものに創造と協同をもたらすものであるが、障害をもちながら文化活動を行なっているものは現在限られている。換言するならば、限られた条件のなかでのみ障害者は文化活動が可能となっているのである。そこで、誰でも、どこでも、いつでも文化活動が行ないうる環境、条件をつくりだしていくことが今後の最大の課題ではないでしょうか。

　レヴイン（K. Lewin）は人間の行動（B）をパーソナリティー（P）と環境（E）の関数であるとする公式 $B = f(P \cdot E)$ を提示しているが、文化活動といった行動も同様に把握することが可能ではないだろうか。

　そこで文化活動を継続して行なっている知的障害者のパーソナリティや態度に注目すると、いろいろなことに興味・関心を持ち、機会があったら積極的に参加し、可能性を広めようとする姿勢が重要であることが指摘されました。また、指導を着実に受けとるためにも温厚・素直といった性格特性や人なつっこさや明るさといった要因も人間関係を良好にする要因であることがわかってきた。このような人柄故に継続した文化活動が可能となっている側面もあるといえよう。

　次に環境的要因に目を移してみると、家族・両親は本人のよき理解者であり

教育や生活指導について熱心で、兄弟・姉妹も支援者としては大きな存在となっている。母親がボランティア活動に積極的に参加していることで本人も幼児期からいろいろな行事に参加することができ、多くの人との出会いを体験しているといった場合もあり、このようなことからも家庭や母親の果たす役割の重要性を指摘することができるのである。

　ある事例では良き指導者（特別支援学校の美術教師）との出会いで美術の感性をひきだされ絵をかくようになったが、卒業して指導を受ける機会がなくなると、絵をかくことをやめてしまったというように、文化活動において教師やソーシャルワーカー（生活指導員や保育士等）といった支援するものの存在は大きいといえよう。誰でも、どこでも、いつでも文化活動の指導や支援が受けられるような体制づくりが望まれるところである。

　現在、ボランティア活動が注目され、実際にボランティア活動をしている人も多くなっている。文化活動の領域でボランティア活動をしている人や文化活動の技量にたけている施設職員や特別支援学校教諭、福祉団体職員や学生によびかけ、障害者の文化活動を支援してもらう方法はどうだろうか。障害者の文化活動を支援・指導するための資格や制度を創設することも有効ではないかと考えている。障害者を理解するための基礎的な学習をすることと、文化活動を障害者に教授するための工夫等を訓練し、講習が終わったものに障害者文化活動推進指導員（仮称）といった名称を与えて、活躍してもらったならば、障害者の文化活動も今より活性化するのではないかと考えられる。

　一般に障害者は働いているとしてもその収入が少ないものである。障害者が文化活動を継続させるために関係する人達の努力は大変なものがあり、せめて経済的問題を少しでも軽減することができれば助かる障害者も多いのではないかと思う。そんな意味で障害者文化活動推進助成制度などもあった方がよいと考えられる。具体的には、障害者の文化活動を実施している団体や指導者個人に対して資金補助をすることでより安定した活動の継続が可能となるのではな

いだろうか。さらに、障害者のみの活動ばかりでなく、一定の割合での構成員を障害者が占めている場合にも補助対象に含めておくと、ノーマライゼーションの実践ともなり、障害者への理解を深めることにつながるのではないかと考えられる。

　さらに、知的障害者の人間関係は健常者のそれと比較するとはるかに乏しいものである。豊かな生活を考える時、人間関係の豊かさや親しさといった要因は不可欠である。そのためにも知的障害者が共にすごす、共に集う、そんな場をつくっていくことが必要であると考えている。

　児童福祉の分野には児童厚生施設（児童館）があり、老人福祉の分野では老人福祉センターがあるのに対し、知的障害者福祉の分野には該当するような施設は存在しない。場（施設）がないために家庭に引きこもっているケースもあると思われる。

　在宅福祉が主流になろうとしている現在、就労を支援したり、気軽に相談にのってもらったり、友だちができるようなグループ活動に参加できるようなセンターがあってもいいように思えるのである。単独にそのような施設が設置できないのなら、児童も障害者も老人も共に利用できるような複合的なセンターを適切な範囲に設置していくこともよいのではないだろうか。

　このような場をつくることによって文化活動の拠点にもなると思われる。また、人間関係をつくるために文化活動を活用することも一つの方法であろう。グループ活動の延長線上に、より高い活動も生まれることだろうし、より洗練されたものだけを集めて、展覧（示）会や演奏会等を開催することも可能になってくるのではないでしょうか。そんな意味でも在宅の障害者の中核になるような施設の創設を提言するものである。

　加えて、社会資源の活用といった視点から、学校や福祉施設、公共団体の施設等を障害者の文化活動の場として、優先的に、無料ないしは低い料金で利用できるようにすることも有効な方法と思われる。今後障害者の文化活動がより

一層活発になり、社会参加が実現されることを期待したいものである。

【引用・参考文献】
（1）R・Williams, Keywords-A VocabularofCultureandSociety 岡崎康一訳「キーワード辞典」晶文社　1980　104〜109頁
（2）森岡健二　他編「国語辞典」集英社　1993　1549頁
（3）石川英吉　他編「文化人類字事典」弘文堂　1994　666〜667頁
（4）E.Goffman,Asylums　石黒毅訳「アサイラム——施設収容者の日常生活」誠信書房　1984　4〜5頁
（5）R,Bartor,Institutional Neurosis　正田亘訳「施設神経症」晃洋書房　1985　169〜172頁
（6）手塚直樹「障害者福祉とはなにか」ミネルヴァ書房　2002　38〜45・106頁
（7）日本レクリエーション協会編「福祉レクリエーションの援助」中央法規　1994
（8）木津川計「人間と文化」岩波書店　1992　187頁
（9）木津川計　同前書　176〜177頁
（10）京極高宣監修「現代社会福祉学レキシコン」雄山閣出版　1993　32頁
（11）金子勇・松本洸　編「クオリティ・オブ・ライフ」福村出版　1986　29頁
（12）三谷嘉明編「発達障害をもつ高齢者とＱＯＬ」明治図書　1994　135〜136頁
（13）日野原重明・阿部志郎監修「クオリティ・オブ・ライフのための医療と福祉」小林出版　1994
（14）米山岳広「心身障害児（者）の文化活動に関する研究」平成７年度厚生省心身障害研究報告書　1996
（15）米山岳広「知的障害者の文化活動」文化書房博文社　1998

第6章　精神科長期在院の問題

　すぐそこに誰でも歩いてよいこの道があった。何が私たちを通さなくしていたのか。病気の所為とする考え方を痛い程叩きこまれてきたが、それだけではなかった。社会の人達の冷たい無理解と無精が、この道を私達に閉ざしていた。

　私達を遮断することで、永久に私達を葬り、問題を済ませてきた。ほんの少しの理解で通れる道だったのである。その少しの理解を今まで得られなかったのである。

　私はこの道を通って、病院を去ることができたら、再びこの道を戻ってきたくないと思った。去った日から私の人生が始まるのだが……と思った。
（小林美代子「髪の花」講談社　1971　96～97頁）

1　問題提起―山梨県における長期在院者の実態

　精神障害者に対する多くの偏見と差別は現在も根づよく存在しているように思えてならない。その根底には社会防衛の立場にたち、精神障害者を隔離することを正当化する考えがあったように思われる。1950（昭和25）年から精神衛生法が実施され、隔離から医療へと形式的には変化したが、人間を社会的な存在であるとする視点からながめるならば、現在の精神医療が薬物療法の飛躍的な進歩、精神療法や生活療法の活発化、ひいては治療共同体といった方向性のもとに治療が試みられているといっても、まだまだ不十分であるといわざるを得ない。たとえば、そのような治療にもかかわらず平均在院期間は確実に延

長化の傾向を示している1963（昭和38）年の全国平均在院期間は393日（山梨県518日）であるのに対し、1973（昭和48）年は464日（山梨県543日）となっている[1]。明らかに多くの長期在院者が生じてきている結果と社会との断絶をそこにみることができよう。

　本研究は精神病院という特殊な状況の中に長期に在院している故に、真の意味において、社会的存在として機能し得ない人間の考察である。

　本研究の調査の対象は山梨県にある精神（科）病院に精神分裂病と診断され、継続して5年以上入院しているもの全員である。ただし、精神分裂病の疑いやボーダーライン・ケースについては主治医の判断によることとした。

　精神分裂病は幼児期から中年期にかけて発病し、なかでも思春期から青年期に好発するといわれている。原因がはっきりしない病気であるから、症状や経過から診断する以外に方法はない。最初は日常生活の破綻として現れることが多く、症状としては第1に思考障害をあげることができる。表情・行動・言語などに異常がみられる。第2は幻覚や妄想といった主観的な異常体験を訴えることが多い。第3に他者とのかかわりがもてないといった特徴をあげることができる[2]。それ故、精神分裂病は対人関係・感情・意欲の障害と考えることができよう。

　精神医療の目的はいうまでもなく患者を社会復帰させることにあるが、長期に在院し治療をうけているにもかかわらず、いまだ社会復帰できない人びとの実態はどうなのであろうか。

　山梨県には1974年12月現在で1682名が精神分裂病で入院している。継続して5年以上入院している患者を長期在院者と考えるならば、この長期在院は実に839名の多きにのぼる。男子447名、女子392名と若干男子の方が多くなっている。

　在院分裂病者の入院期間についてみたものが図6-1である。5年以内の在院者がもっとも多く5割、ついで6～10年と11～15年の在院者が同じ比率で

第6章　精神科長期在院の問題

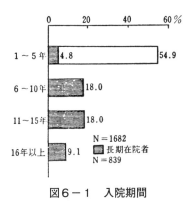

図6-1　入院期間

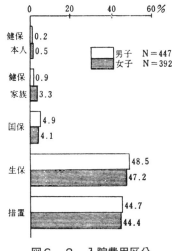

図6-3　入院費用区分

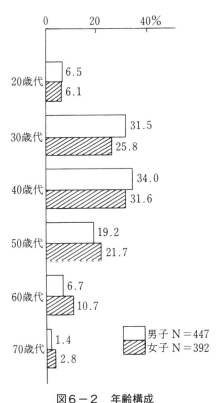

図6-2　年齢構成

約2割を占めている。16年以上といった長期の入院も約1割を示している。約半分の者が5年以上といった長期在院であり、精神分裂病の入院がいかに長期化しやすいものであるかを物語っている。

図6-2は長期在院者の年齢についてみたものである。男女ともに30歳代と40歳代が多く、あわせると約6割になる。生産年齢の中心であるだけに、この長期在院の社会的影響は大きいといわざるをえない。概して、女子の方が高齢化傾向を示しており、また、入院期間が長くな

るにしたがって確実に高齢化している。

　このように精神病の治療は長期化しやすいものであるが、それにともない治療費も莫大なものとなりやすい。そこで長期在院老の入院費用区分についてみることにしたい。図6-3からもわかるように、もっとも多いのが生活保護法による入院であり、ついで精神衛生法による措置入院である。この両者で実に

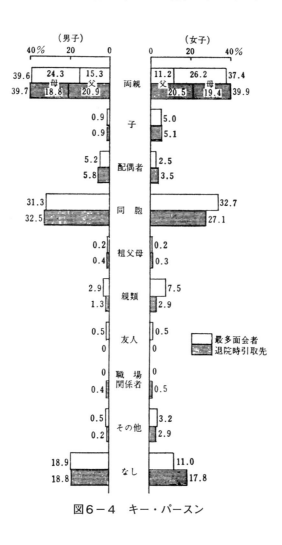

図6-4　キー・パースン

9割を越えてしまう。長期の入院は公費によりまかなわれているということであり、病気が生活を圧迫してきていることをはっきりと示すものであろう。

　キー・パースンとは患者にとってもっとも重要な存在である人を意味している。患者を保護する立場の人やもっとも心配している人、入退院や患者の将来に大きな影響をおよぼす人などである。ここでは最多面会者と退院時取引先といった側面よりキー・パースンを明らかにしていきたい。

　まず第1に最多面会者についてみることにしたい。図6－4からもわかるように両親——なかでも母親と同胞が多くなっている。ついで親類や子どもである。面会のないものが男子で2割。女子でも1割いる。さらに、入院が長期化するとともに父親は急激に減少し、面会者なしが増大していく。とくに入院が16年以上になってくるとその傾向は著しい。

　つぎに退院時の引取り先についてみると、両親が4割、同胞が3割となっている。社会復帰した時に現状のままでは帰るべき生活の場をもたないものが実に約2割もいる。今後、このような生活の場を必要とする患者が増加することを考えるならば、生活の場の確保は早急に実施しなければならないことである。それは16年以上の在院者の3割が帰るべき場のない人であることからもわかる。長期の入院が生活の場を喪失させているのである。

　面会は母親が、父親は引取り先にといった役割分担と、それを補う同胞の重要な地位を認めることができるとともに、長期在院が他者とのかかわりを疎外していくといった現実もみのがすことができない。

　さらに、長期在院者の現状を把握するために、第1に病気の状態、第2に作業能力、第3に日常の基本的な生活習慣がどのくらい可能かといった生活能力、第4に家庭環境について、障害2——ほとんど改善のみこみのないもの。障害1——ケアなどの条件によっては改善されるもの、また改善しつつあるもの、障害2の状態でないもの。障害0——ほとんど問題もなく、現在の状態で充分と思われるものといった3段階に評定を行った。それを図示したのが図6

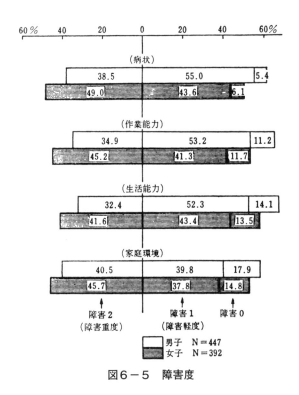

図6-5　障害度

-5である。

　まず病状からみていきたい。障害が認められないものは5％しかいないが、この5％は元来医療の対象とすべき人ではなく、医療の場にとどまっていること自体問題といえよう。アフターケアさえ整っていれば長期に在院しなくてもすんだ患者ではないだろうか。大部分が改善しつつあるものであることからも、今後のアフターケアの充実が望まれるところである。

　作業能力についてみると、障害なしが1割、何らかの作業が可能なものが男子で5割、女子でも4割を示している。医療の場では労働はつねに二次的となりやすく、院内作業が多いのはそれを象徴しているといえよう。病状さえよければ作業を一次的にし、医療を二次的にした方がよい場合もあるのではないだ

ろうか。

　日常生活の破綻が病気の第１段階であるが、回復も生活能力からはじまるようである。他の要因にくらべて障害重度の比率が少なくなっている。

　いままでの障害要因は主として、患者自身の状態に起因するものであったが、社会復帰にさいし、つねに問題となるのは生活の場の確保であり、その中心的役割をになうのが家族である。そこで家庭環境に問題なしが約２割、患者の援助や受け入れを拒否している家庭が４割と両極に分化している。

2　精神科長期在院者の形成過程

　入院期間５年まで、年齢40歳代までに社会復帰できなかったときの患者の将来は悲観的にならざるをえない。長期在院と高齢化により諸要因が悪化していくからである。そこで長期在院が形作られるプロセスを考えることにしたい。

　松原治郎は生活の構造的要因として①時間②空間③手段④金銭⑤役割⑥規範といったものをあげている。このうち時間と空間は生活を外から枠づける条件であり（外枠的要因）手段と金銭は生活の展開をうながす条件であり（媒介的要因）、役割と規範は個人の心のなかにとりいれられ、生活を内側から築きあげていく条件である（内部的要因）といっている[3]。

　生活構造論の視点から長期在院者の生活を考えるならば、時間はきわめてゆとりがなく、病院のスケジュールどおりに動かねばならない。空間的にも病院を中心とした狭い範囲にとどまっている。生産手段ももたず、入院費も公費によって賄われていることからも、経済的には苦しい状態であることがうかがえる。役割や規範にしても常に病者といった存在であり、人間関係も限定されていることから、きわめて単純化された、退行的な生活ともいえよう。

　家族の成員も長期在院者に対し無関心になりつつある。入院当初は週１、２度面会に訪れていたのが、入院期間が長くなるにつれて面会にも来なくなる。

おそらく、家族の負担が長期在院で大きくなること、家族機能が患者を除外したところで再構成され、固定化するためではないかと考えられる。そして、現代は核家族が多いことから、患者の保護が家族だけではできにくくなっているのである。そのために長期在院者の社会福祉的援助では生活の場の確保や家族への積極的な援助までが必要なのであろう。

職場でも精神障害者のしめだしといった傾向がある。技術革新に伴う高い技術を身につけることを要求されたり、職場の合理化などもあり、長い入院を終えた後で元の職場に復帰できることはきわめてまれなことといえよう。精神障害者ということでは職場は一層少なくなってしまうのである。

病院側にも問題がないことはない。精神病院の多くは私立病院であり、採算があわないことはできず、それが社会の精神障害者に対する偏見と呼応して入院中心の精神医療となっている。今後は外来中心の医療や短期入院へと変化させていかなければならない。

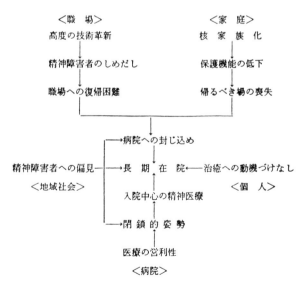

図6－6　長期在院の形成過程

以上の要因が組み合わさって長期在院がおきてくる。整理すると図6-6のようになる。病院に長期在院することによって、長期在院者は自己を患者としてしかみられなくなってくる。病院にいるから病人だといったような考え方であり、病院にいることが病者としての存在証明になっているのである。このような自己定義は長期在院により決定的なものになってしまう可能性が強い。そして、一度形成された病者としての自己像はそれなりの安定性と一貫性をそなえ、簡単に変化することはない。のみならず、病者としての同一性を強化していく。だから、社会復帰への動機づけを低下させ、長期在院によるための二次的症状やホスピタリズムまでひきおこす場合もでてくるのである。

現在、精神医療が入院中心から外来中心へと転換をせまられ、また、入院したとしてもさまざまな二次的症状を防止する意味で短期の入院が求められているのは、精神障害者の治療が狭い精神病院といった枠の中だけでは不十分になってきているためであり、生活や福祉の問題としても考えねばならないためであろう。

3　健康と自由

精神病院という狭い自己完結的な空間（施設）――ゴッフマンの言葉をかりるならばtotal institutionの中で5年間も、あるいはそれ以上の長い期間すごすことは生活および社会関係を必然的に縮小させる。そして、長期の在院がますます社会復帰していくといった悪循環をひきおこしていくのである。事実、長期在院者が社会復帰していくといったことは非常に少ない。

そこで、改めて健康とは何かといったことが問題とされなければならないであろう。古くは主としてストレスのないことが健康――精神的健康の証であった。健全な人間は安楽であり、社会によって与えられる社会的なつとめ（たとえば、自家稼業、貯蓄、家族を養うこと等）をできるかぎり効果的にはたし、

ストレスの身体症状がなく、社会的基準からいささかもはずれないといったような見方である。いわば「満ちたれる牛的」健康観ともよびうるものであろう。

しかし最近では、精神的健康についてこのような「満ちたれる牛的」考え方では把握しきれなくなってきている。ゲーテ（Geothe, J. W）のファウスト的伝統により努力は不成功に終っても賞讃されるべきであること、不安を人間の偉大な業績へとかりたて導く積極的な有力な力とみなすこと等により、人間の目的遂行能力を強調し、精神的健康を積極的努力と成長の問題――換言するならば、自己実現の概念により把握しようとしているのである[7]。

有名な世界保健機構（WHO）の定義でも、「健康とは、たんに疾病がないということだけではなく、身体的にも、精神的にも、そしてまた社会的にも完全に良好な状態をいう」としている。これは人間を生物・心理・社会的存在として全体的にとらえ、健康についてより積極的に規定しようと試みたものであろう。

ところで、健康の対立概念は疾病ではなくして不健康であるから、健康と不健康のつらなりのなかに不安・不安感・障害・疾病・死などを含ませて考えることができよう。整理して図示すると図6－7のようになる。いわば連続性の原理で健康と不健康を理解するのである。とくに現代は不安の時代とも表現されているように、不安を抱いていない人は皆無ともいえよう。不安があっても生活する主体に生活障害が生じなければよいのである。不安は不健康にもつな

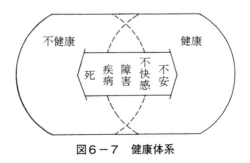

図6－7　健康体系

がる反面、成長へのスプリングボードになる場合もありうる。不快感についても同じことがいえる。不快感は不健康のひとつの徴であると考えられると同時に、自らの不健康に対して注意を喚起するといったプラスの側面をも合せもっているのである[8]。以上のように現代人の健康観はゆるぎない固定的な健康観ではなく、しなやかな柔軟性をともなった健康観に変化してきている。

　次に現代の精神的健康の中核的概念ともいうべき自己実現の概念について明らかにしていきたい。自己実現は①精神的な核心あるいは自己を受け容れ、これを表現すること。すなわち、潜在的な能力、可能性を実現すること、完全にはたらくこと、人間性や個人の本質を活用することの意味が含められている。②それらはすべて、不健康、神経症、精神病、基本的な能力の喪失ないし縮小を最小限にしか表わしていないという意味をもっているとマスロウは定義づけている。さらに、自己実現する人々の特徴として①明快で有効な現実認知　②経験に一層よく開かれていること　③人格の統合性、全体性、結合の増大　④自発性、表現性の増大、完全な機能、活力　⑤ありのままの自己、確たる同一性、自立性、独自性　⑥自己の客観性、分離、超越の増大　⑦創造性の回復　⑧具体性と抽象性を融合する能力　⑨民主的性格構造　⑩愛する能力等をあげている[9]。このような諸特性はまさに長期在院者の対極に位置するものであろう。

　さらに、自己実現が可能となるための絶対的条件ともいうべき自由ということが問題となってくる。拘束の強い精神病院の治療状況のなかでは患者は自己を実現していく可能性はきわめて少ない。とくに閉鎖病棟においてはより一層自由は形骸化されやすくなっている。そして、このような収容所的治療状況のもとでは患者は自由を放棄しやすく、自らすすんで服従を求めるようになる。フロム（Fromm, E）は「自由からの逃走」の中でドイツ国民が自由を重荷と感じ、ナチズムに同化していく過程をみごとに分析している。人間における自由とは人間の真の自己の恢復と生産性の発展でなければならず、自由こそ人

間存在を特質づけるものであり、その個人の成熟の指標となるものである[10][11]。医療という名目で簡単に自由が破壊されてはならず、精神病院といった施設が二次的症状をつくりだすようなことがあってはならない。長期在院者が生存しているといっただけの次元ではなく、よりよく生きられ、そんな状態がより長く続けられるという生活が保障されることが望ましい。

とりのこされた長期在院者の存在は、わたしたちに健康とは、人間における自由とは、人間らしく生きるとはいったい何なのかといった人間存在の最もベーシックな事柄を問いかけてきているように思えてならない。

【文献】
（1）柏熊岬二編「大都市青少年の生活と行動——第三次生活領域の構造分析——」杉並区　1972
（2）柏熊岬二・米山岳広「青少年の保健と福祉」現代と健康12巻1978　大修館書店
（3）松原治郎「生活体系と生活環境」『生活構造の理論』1971　有斐閣
（4）我妻洋著・米山俊直「偏見の構造」1967　日本放送出版協会
（5）米山岳広・曽根誠他著「入院患者の推移統計——その1——」精神衛生昭和51年度研究発表会特集——山梨県精神衛生協会1977
（6）大谷藤郎「地域精神衛生活動指針」1966　医学書院
（7）Lazarus, R. S Personality and Adjustment　帆足喜与子訳「個性と適応」1969　岩波書房
（8）柏熊岬二・米山岳広　前掲書
（9）Maslow, A. H Toward a Psychology of Being　上田吉一訳「完全なる人間——魂のめぎすもの——」1966　誠信書房
（10）Formm, E Escape from Freedom　日高六郎訳「自由からの逃走」1967　創元新社
（11）Formm, E Man for Himself　谷口隆之助・早坂泰次郎訳「人間における自由」1969　創元新社

第Ⅳ部 子どもに最善の利益を

第7章 現代社会と保育

1 保育とは

(1) 保育の概念

「保育」の語源をたどれば、「保」という字には「人が子どもを手で包み隠す」という意味があり、「育」という字には「子どもを肉体に背負う」あるいは「親鳥が雛を羽で覆い包んで育てる」という意味だといわれている。つまり、「保育」という漢字には「いまだ自立していない幼い子どもを、温かく抱いて保護しながら育成する」という意味がこめられていると考えられる。[1]

また、山下俊郎は「保育学概説」で幼児の教育においては、保護と教育が一体となって、幼弱な子どもを、温かくつつんでやることが必要なのである。そこでこの保護と教育という意味合いから、幼児教育のことを保育と呼び習わす習慣ができたものと考えられると述べている。[2]

同様に、世界幼児教育機構（OMEP）でも、pre-school educationという用語からearlychildfood care and education（educare）という用語が使われるよ

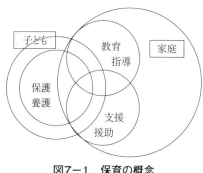

図7-1　保育の概念

うになってきている。[3]

以上のことから保育とは、子どもを対象にした「保護・養護」的働きかけであり、「教育・指導」的働きかけでもあり、これらは区別しがたく常に一体的に作用するものである。それに加え、保育士の定義に見られるように、専門的知識および技術をもって、児童の保育および児童の保護者に対する保育に関する指導を行うのが保育士の仕事とされている。そうすると、保育の概念を拡大し、「相談・援助・支援」的働きかけまでを保育と考えざるを得ないことになる。（図7-1参照）

このような保育の概念にもとづき、現在の保育活動を一般（定型）的保育活動と特殊（専門）的保育活動と対象である子どもと保護者といった2軸により分類整理したのが図7-2である。保育に欠ける子どもを対象にしていたごく一般的な通常（定時）保育から始まった保育活動が、保護者や家族のニーズから乳児保育や延長保育へ、そして一時保育へと拡大する反面、専門性を生かした障害児・病児の保育や保護者（親）に対する助言・指導・援助へと保育の活動範囲は多様化しているのである。

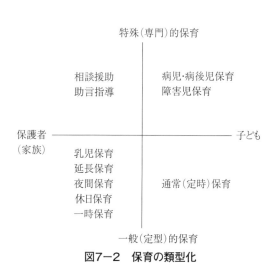

図7-2　保育の類型化

さらに、小川博久は働きかけの意図といった視点から、保育を「狭義の保育」

と「広義の保育」に分けて考えている。狭義の保育とは、乳幼児の子どもを対象として大人（親、保育者等）が子どもの生命の安全を保障し、健全な発達を意図して働きかけるあらゆる働きかけと、それを成立させるための条件づくりを意味し、広義の保育とは、意図的な働きかけではないが、結果的に幼児の発達を大きく規定していると思われる子どもをとりまく人的環境（大人たちのくらし方、考え方）や物的環境の形成作用である。[4] このような広い視点から保育を考えることによって、子どもと保育者の関係を支えていたり、逆にマイナスの要因となっているものまでを保育者は見ることが可能になってくるのであろう。それ故、家族や地域、現代社会までを視野に入れられる保育者でなければならないのである。

2　子どもと家族の現在

　1909年アメリカのルーズヴェルト大統領によって招集された第一回ホワイトハウス会議では、「家庭生活は文明の所産のうち最も高い、最も美しいものである。それは精神と性格を形づくる偉大な力である。児童は緊急やむを得ない理由がない限り、家庭生活から引き離してはならない」と強調した。それ以来、家庭こそ児童にとって安住の場として基本的に考えられてきた。しかし、子どもの生命が奪われるなど、重大な児童虐待事件が後を絶たず、全国の児童相談所に寄せられる児童虐待に関する相談対応件数も児童虐待

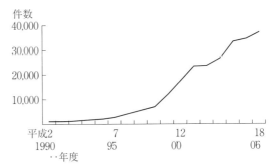

資料　厚生労働省雇用等・児童家庭局調べ

図7-3　児童虐待相談対応件数の推移

防止法制定直前の平成11年度11,631件から平成18年度37,323件に増加している（図7－3参照）ように子どもと家族の現状について考えないわけにはいかない。[5]

　我国は1960年代になると技術革新によって、高度経済成長期をむかえることとなる。第1次産業から第2次・第3次産業へと産業構造が急速に転換していき、自営業従事者や家族従事者から雇用労働者へと就業形態も変わっていったのである。それにともない都市への人口の集中が起こるのである。

　高度経済成長によって所得水準が向上した結果、夫一人の収入で暮らすことが可能となり、専業主婦が増大した。合計特殊出生率が約2と安定していた1950年代半ばから70年代半ばにかけての時期を落合恵美子は「家族の戦後体制」とよび、家族が最も安定した時期ととらえている。その特徴は

　①女性の主婦化

　②再生産平等主義（子どもは2人）

　③人口学的移行期（多産多死から少産少死へ）

　④女性のM字型就業パターン

が定着した時期でもある。

　このような就業構造の変化や所得水準の向上は消費生活を変え、人々の価値観や行動様式に影響を与え、結婚や家族のあり方も変えていくのである。

　①見合い結婚から恋愛結婚へ

　②親子同居世代から別居世帯へ

　③父権的な家族関係からより平等な家族関係へ

　というように日本国憲法（1946年）改正民法（1947年）に規定された夫婦家族制の理念がしだいに人々に受け入れられていくプロセスでもあった。森岡清美は家族は今や制度によって緩く束ねられた集団、もしくは親族関係の複合ともいうべきものであると述べている。

　就業構造の変化と社会保障制度の確立にともなって、労働力や老後保障とし

第7章　現代社会と保育　　109

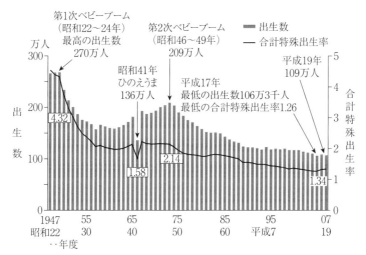

資料　厚生労働省「人口動態統計」
注　平成19年は概数である。

図7−4　出生数と合計特殊出生率の推移

ての子どもの価値が低下する反面、教育期間の伸長によって、子どもを育てるための費用が増大する。さらに、女性の高学歴化と雇用機会の拡大は、女性の時間コストを高めることになる。すなわち、我国では結婚によって女性が失うもの（雇用機会や独身生活の自由）に比べて、結婚・出産によって得られるものが相対的に小さいために、女性は結婚へのためらいを感じることが多くなっているのであろう。[6]

　そのために未婚化・晩婚化・少子化といった現象が起こってきているのである。合計特殊出生率が丙午の年である1966年の1.58を下回ったのが1989年の「1.57ショック」である。それ以降も合計特殊出生率は低下を続け1.34（2007年）に至っている。（図7−4参照）当然のことながら世帯人員も減少し、小家族化している。以上を総括すると、社会・経済状況、家庭の形態、地域コミュニティの変化によって家庭の質・機能も変わり「養育能力の低下」が生じてきているのである。換言するならば、子どもが育ちにくくなっている現実があり、この

第Ⅳ部　子どもに最善の利益を

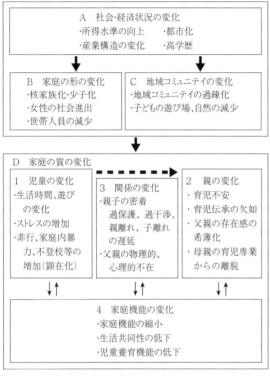

〔厚生統計会『国民の福祉の動向』1991〕
図7-5　児童・家庭に関する諸状況の整理

ような子育ての現状を変革する社会的施策が求められているといえよう。わかりやすく図にすると図7-5のようになる。[7]

3　保育ニーズの拡大と多様化

　保育が多くの人々にとって大きな関心事となったのは現代社会の状況とその結果としての「少子化」や「高齢化」の問題と密接に関係しているからである。

　平成17（2005）年に行われた国勢調査では、わが国の総人口は対前年比で約2万人の減少となったと発表された。さらに、総務省が、平成18（2006）年8月に公表した同年3月末時点での住民基本台帳に基づく人口調査によると、総人口は1億2705万人と前年同期比で3,500人減となった。総人口が前年に比べて減少したのは、昭和43（1968）年に同調査が始まって以来、初めてのことであり、あらためてわが国が「人口減少社会」に突入したことが確認された。このまま少子化傾向が続くと、人口減少は加速度的に進行し、21世紀半ばには総人口は1億人を割り込み、2100年の総人口は半分以下になると見込まれる（図7-6）。人口の高齢化もさらに進行し、やがて2.5人に1人が65歳以上とい

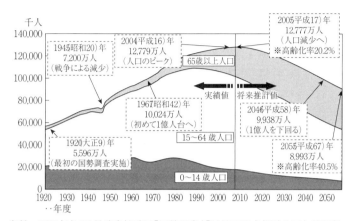

資料　2005年までは総務省統計局「国勢調査」「10月1日現在推計人口」、2006年以降は国立社会保障・人口問題研究所「日本の将来推計人口（平成18年12月推計）」

注　1941〜1943年は1940年と1944年の年齢3区分別人口を中間補間した。1946〜1971年は沖縄県を含まない。

図7－6　人口減少社会の到来

う極端な「少子高齢社会」が継続することになる。[8]

　このように人口減少社会の主要因は少子化であることは明確である。これまでの少子化対策の主な経緯をみたものが表7－1である。エンゼルプランや新エンゼルプランにみられるように保育サービスを中心に展開され、平成13年度からは「待機児童ゼロ作戦」も加わったが、少子化の進展をくい止めることはできなかった。逆に保育ニーズは増加傾向を示しているのである。たしかに、保育所や入所定員、入所児童数も年々増大しているにもかかわらず、保育所入所待機児童はいっこうにへらず、平成19年4月現在でも都市部を中心に全国で1万7926人となっていることがそれを雄弁に物語っているといえよう。（表7－2参照）

　今日におけるわが国の経済成長を支える1つの要因となった女性の労働力の質的量的な増大を背景として、専業主婦モデルではなく夫婦共働きモデルが一

表7-1 少子化対策の主な経緯

平成2 ('90) 年		1.57 ショック
6	('94) 12月	エンゼルプラン，緊急保育対策等5か年事業を策定
11	('99) 12月	新エンゼルプランを策定
13	('01) 7月	待機児童ゼロ作戦開始
14	('02) 9月	少子化対策プラスワンを策定
15	('03) 7月	少子化社会対策基本法の制定
		次世代育成支援対策推進法の制定
16	('04) 6月	少子化社会対策大綱を策定
	12月	子ども・子育て応援プランを策定
		第1回少子化社会白書を刊行
17	('05) 4月	地方公共団体，企業等における行動計画の策定・実施
18	('06) 6月	新しい少子化対策を決定
19	('07) 2月	「子どもと家族を応援する日本」重点戦略検討会議発足
	12月	「子どもと家族を応援する日本」重点戦略

表7-2 保育所数・定員・入所児童数の推移

各年4月1日現在

		保育所数	定員（人）	入所児童数（人）
平成2	('90)	22 703	1 978 989	1 637 073
7	('95)	22 496	1 923 697	1 593 873
12	('00)	22 195	1 923 157	1 788 425
17	('05)	22 570	2 052 635	1 993 796
18	('06)	22 699	2 079 317	2 004 238
19	('07) *	22 848	2 105 434	2 015 382

資料　厚生労働省「社会福祉行政業務報告」
注　　＊は概数である。

般化してきており、保育需要の増加の原因となっている。

さらに、女性労働における勤労形態の変化（勤務時間や時間帯、職種等の多様化や通勤距離の遠距離化など）により、保育需要が多様化してきている。そのためこの多様なニーズに応えるため、延長保育、休日保育、専業主婦等の育児疲れ解消などのための一時保育、保育所等の施設において保護者から保育に

第7章　現代社会と保育

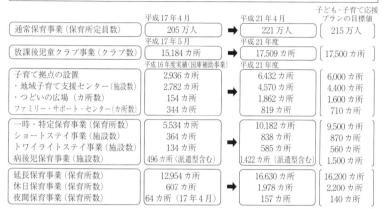

図7-7　地方公共団体の行動計画の推進

関する相談に応じ、情報提供を行う地域子育て支援センター事業などの特別保育事業を行っているところが多くなっている。その実態をみたのが図7-7である。

さらに、①妊娠・出産から高校・大学生になるまで子どもの成長に対応した総合的な子育て支援策②働き方の改革③長期的な視点に立った社会の意識改革といった幅広い対応が根本的に必要とされているのである。しかし、今後も保育ニーズの拡大と多様化は変わることはないであろうから、保育サービスは不可欠であり、中核的事業でなければならないと考えている。

いつの時代、どんな社会にも子どもがいないということはありえない。子どもは社会を維持し、存続させる原動力であり、次の時代や社会をになうのは子どもでしかないのである。そんな意味で、子どもの生命と発達を支え、子育て家庭を援助する保育者の手に未来の社会は委ねられているといっても過言ではないし、保育の重要性は今後ますます増大していくのではないかと考えられるのである。

【引用・参考文献】
（1）待井和江・泉千勢編「保育原理」東京書籍、1994、29頁
（2）山下俊郎「保育学概説」恒星社厚生閣、1972
（3）待井和江・泉千勢編、前掲書、31頁
（4）小川博久「保育原理2001」同文書院、1991、79頁
（5）厚生統計協会「国民の福祉の動向」第55巻第12号、2008、59頁
（6）日本家政学会編「変動する家族―子供・ジェンダー・高齢者―」建帛社、1999、8～10頁
（7）米山岳廣・瓜巣一美編「児童・家族福祉の基礎と実際」文化書房博文社、2002、14～17頁
（8）厚生統計協会、前掲書、43頁
（9）厚生統計協会、同前書、52頁

第8章　子どもの病気と障害

1．保育へのケアリング視点の導入

　保母から保育士へ、そして国家資格化されることにより保育士の業務も明確化された。児童福祉法第18条の４によると、保育士とは登録を受け、保育士の名称を用いて、専門的知識及び技術をもって、児童の保育及び児童の保護者に対する保育に関する指導を行なうことを業とする者をいうと規定されている。（傍点は筆者）さらに、児童とは満18歳に満たない者と児童福祉法第４条に定義されている。以上から保育の対象は乳児から満18歳に達するまでの少年となり、健常児のみならず、さまざまな問題をかかえた児童や障害児・病児まで包含することになる。さらに子どもの保護者である両親、換言するならば家族まで保育士は指導・援助しなければならないことを意味している。

　加えて、近年の保育ニーズの多様化にともないさまざまな特別保育事業が実施されるようになっている。延長保育、夜間保育、休日保育、乳児保育、障害児保育等であり、年々その事業内容の充実が図られるようになってきている。病児保育に関しては、平成３年に厚生省により「小児有病児ケアに関する研究班」が組織され、病児保育が取り上げられ、制度化される第一歩となったのである。現在は乳幼児健康支援一時預り（病後児）事業として展開されているが、病後児だけでなく病初期の症状の軽い、急変の危険性が認められない児童まで保育の対象とする検討が行なわれているのである[1]。

　このような急激な保育対象の拡大に対して保育のベーシックな視点を再検討

しなければならない時期に来ているように思われてならない。私は命をはぐくみ、子どもの生活を守る保育の本質はケアリング（caring）ではないかと考えている。ミルトン・メイヤロフ（Milton Mayeroff）は一人の人格をケアすることは、最も深い意味で、その人が成長すること、自己実現することを助けることである。相手が成長し、自己実現することをたすけることとしてのケアは、一つの過程であり、展開を内にはらみつつ人に関与するあり方であり、相互信頼と深まり質的に変わっていく関係をとおして成熟・成長するものであり、ケアの形態はすべて共通のパターンを示していると述べている２）。このケアに共通するパターンを図示するとBの自立的信頼関係とも表現することが可能であろう。さらに、ケアの要素として、忍耐・正直・信頼・謙遜・希望・勇気・知識・リズムを変えることの８つをあげ、これらの要素が相互に関係し、よりよきケアリングの実践になるというのである。

　健常児から障害児・病児まで視野に入れた保育を考える時、保育方法は指導や訓練だけでは不可能となり、援助や支援といった方法を重視せざるをえなくなる。その時子どもと共にあるあり方、自立的信頼関係を中心においたケアリングの考え方と実践が保育においても不可欠となるのではないかと考えている。

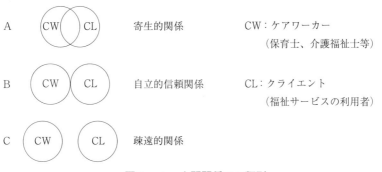

図８−１　人間関係の３類型

2．障害と疾病の関係

上田敏は障害とは疾患によって起こった生活上の困難・不自由・不利益であると定義し、1980年に世界保健機構（WHO）の「国際障害分類（ICIDH = International Classification of Impairments, Disabilities, and Handicaps）」に準じ、障害の構造を図8-2のように整理している。

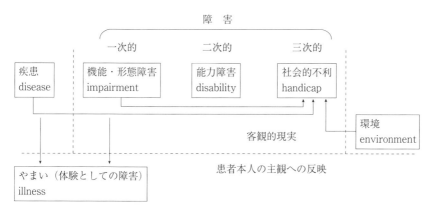

機能・形態障害 （impairment）	障害の一次的レベルであり、直接疾患（外傷を含む）から生じてくる。生物学的レベルでとらえた障害である。能力障害または社会的不利の原因となる、またはその可能性のある、機能（身体的または精神的な）または形態のなんらかの異常をいう。
能力障害 （disability）	障害の二次的レベルであり、機能・形態障害から生じてくる。人間個人のレベルでとらえた生涯である。与えられた地域性・文化的条件下で通常当然行うことができると考えられる行為を実用性をもって行う能力の制限あるいは喪質をいう。
社会的不利 （handicap）	障害の三次的レベルであり、疾患、機能、形態障害あるいは能力障害から生じてくる。社会的存在としての人間のレベルでとらえた障害である。疾患の結果として、かつて有していた、あるいは当然保障されるべき基本的人権の行使が妨げられ、正当な社会的役割を果たすことができないことをいう。

〔上田　敏　『リハビリテーションを考える』青木書店、1983〕

図8-2　国際障害分類（ICIDH）の概念図

さらに2001年の世界保健機構の総会において、健康状態や生活そして背景因子まで考慮した新たな「生活機能と障害の国際分類（ICF = International Classification of Functioning and Disability)」が決められたのである。図示すると図8-3のとおりである。

　障害をICIDHでは機能・形態障害、能力障害、社会的不利といった3つの次元でとらえていたが、ICFでは生活機能を心身機能・身体構造、活動、参加に分類し、それらに問題が生じた場合を機能障害、活動制限（障害）、参加制約（障害）といった障害と考えるのである。ICIDHが「医学モデル」といわれるのに対し、ICFは「相互作用モデル」とも「生物・心理・社会的アプローチ」とも呼びうるものになっている[3]。

　以上のように時代とともに障害観の変化はあるにせよ健康・病気・障害はきわめて密接な関連の中にあり、切り離して考えることは不可能である。ここに病児保育と障害児保育を共通の視点で見ることの意義が存在する。

　キュア（Cure）は病を癒し、もとの健康を回復させることであり、ケア（Care）は広く世話をすることといった意味で使い分けられているが、それに従うと病児保育はキュアで、障害児保育はケアと考えることもできる。しかし、子どもの疾病や障害の程度に応じ、キュアとケアの比率や重点が異なるだけである。病児であろうと生命や生活の質（QOL）を大切にした生きることが保障される必要があり、そのためにもケアリングを実践する保育（病児保育や障害児保育）は不可欠といえよう。

第8章　子どもの病気と障害

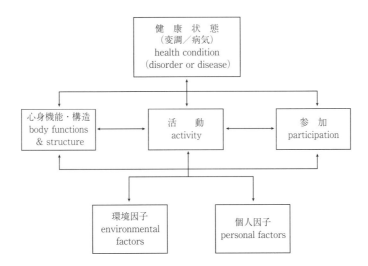

健康状態 （変調／病気）	人間は誰もが健康な状態をもつ。けれども病気や怪我などによって心身の機能に障害をもつ可能性が誰にもあることを示している。		
心身機能・構造	身体の各器官の生理的機能（心理的機能を含む），器官，肢体とその構成的部分などの解剖学的部分	機能障害 構造障害 （impairment）	著しい偏位や喪失などといった心身機能，身体構造上の問題──障害の状態
活　動 （activity）	個人による課題や行為の実行	活動制限 （activity limitation）	個人が活動する際の困難な問題──障害の状態
参　加 participation）	生活状況への個人の関与	参加制約 （participation restriction）	個人が日常生活・社会生活に関与する際の問題点──障害の状態
環境因子 個人因子	心身機能，身体構造およびその障害，活動及び活動制限，参加および賛歌規約には，環境要因がいろいろな形で影響を与えており，環境の要因が大きく，環境への介入が支援活動の重要な一側面であることを示している。		

〔手塚直樹『障害者福祉とはなにか』ミネルヴァ書房、2002〕

図8－3　国際生活機能分類（ICF）の概念図

3　現代社会における子ども医療

自殺原因うつ病最多

昨年総数10年連続3万人超

　警察庁によると、昨年は全体で前年に比べ938人（2.9％）増加した。男性が前年同様、全体の約71％を占めた。

　同庁は一昨年、原因・動機に関する側面を中心に「自殺統計原票」の改正を行い、昨年発生の自殺から、遺書や客観的資料を基に、より詳しい原因（複数計上）を記録する方式に切り替えた。

　この結果、従来に比べ、具体的な原因が判明。「うつ病」が原因と判断された人は6060人、以下「身体の病気」が5240人、「その他の精神疾患」が1197人で、原因・動機が特定できた23209人のうち「健康問題」が過半数を占めた。

　「経済・生活問題」では、「多重債務」が1973人と最多だった。

　また、「借金の取り立て苦」と「自殺による保険金支給」が原因で合わせて320人が自殺した。

　職業別では、学生を除く「無職」が全体の約6割を占めた。このうち、単なる失業ではな

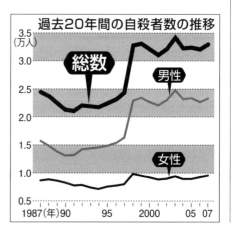

く、病気などで職に就けない人のケースが9528人（約29％）、生活保護、年金・雇用保険生活者は4982人（約15％）に上った。

(東京新聞　夕刊　平成20年6月)

　年間3万人以上の自殺者が10年も続いている日本社会を、鎌田慧は「恐しい社会」と呼んでいる。うつ病を大量に生み出す社会はけっして健康な社会とはいえない。うつ病と診断されるおとなが増加している現状から、子どもにもうつ状態が拡大しているのではないかと推測することもできる。さらに、こんな社会では子どもも慢性的な疲労感を訴えることも多いのではないかと考えることもできよう。

　精神医学の立場から岩田俊は、子どもの「うつ」は、その子にふさわしい新たな生き方を作り直すための、猶予の要求であり、無理のかかる生き方を選んでしまった子どもだから、「うつ」状態におちいるのでと説明している[8]。

　このように不健康な時代だからこそ、人々は「完全なる健康」を希求しているように思われてならないのである。昔は「死の病」であったものが、医学や薬学の進歩、栄養状態の改善、衛生環境の向上等により克服されようとしている。日本人の平均寿命は男子79.0歳、女子85.8歳（2006年）であり、世界でもトップクラスである。

　しかし、医学がどれだけ進歩してもすべての病気に勝利することはありえない。過去の病気と思われていた結核も平成9（1997）年以降に増加に転じていることがそれを証明している。病気はなくなるどころか、もっと多くの病気がでてくる可能性が高いと米山公啓は断言している[9]。

　このように考えると病気や障害を受容し、病気や障害を受容し、病気や障害と共に生きるといった考え方が最も健康的であり、理想的生き方なのかもしれない。

　健康の対立概念は疾病ではなくして、不健康である。そして、健康と不健康のつらなりのなかに不安・不快感・障害・疾病・死などを考えることができ

る。不安の時代といわれている現代において、不安をもっていない人間はいないのだろうし、とくに未来に生きる子どもの場合は、大いなる可能性と同時に底知れぬ不安感を抱いているのではないだろうか。健康は不安のないことではない。不安があっても生活体に障害が生じなければよいのである。不安は不健康にもつながる反面、成長へのスプリングボードになる場合もありうる。危機的状況とは疾病・障害発生可能性とともに健康回復可能性といった異なった方向を示す分岐点なのである[10]。

　ここでは不健康のなかの死因および乳児死亡率をとりあげることによって、子どもの健康について考えてみたい。

　乳幼児（0～4歳）では先天奇形、変形及び染色体異常、不慮の事故、周産期に特異的な呼吸障害が多くなっている。また学童期（5～14歳）では不慮の事故や悪性新生物が多くなっている。青少年（15～29歳）では不慮の事故と自殺が多く、多因死の割合が高いといえよう。30～40歳代では自殺と悪性新生物、50歳では悪性新生物と心疾患の比率が高いのである。なお、55歳以上では3大死因といわれる悪性新生物、心疾患、脳血管疾患が圧倒的に多くなっている[11]。（表8-1参照）

　図8-4は乳児死亡率の国際比較をみたものである。生後一年未満の死亡を乳児死亡といい、通常、出生千対の乳児死亡率で観察する。乳児の生存は母体の健康状態や養育条件などの影響を強く受けるため、乳児死亡率はその地域（国）の衛生状態の良否、ひいては経済や教育を含めた社会状態を反映する指標のひとつと考えられている。わが国の乳児死亡率は昭和22年に76.7だったが、昭和35年には30.7となり、昭和50年には10.0と急速に改善され、平成17年には2.8まで減少し、世界的にも最高水準のレベルである[12]。

　このような小児医療のさらなる向上のために、21世紀の母子保健の取り組みの方向性を示し、関係機関・団体が一体となって推進する10年間の国民運動計画が「健やか親子21」である。

表8-1　3大死因の年齢階級別死亡率（人口10万対）

平成17年（'05）

	悪性新生物		心疾患		脳血管疾患	
	死亡率	順位	死亡率	順位	死亡率	順位
全 年 齢	258.3	1	137.2	2	105.3	3
0 歳	2.0	13	13.0	6	0.7	18
1 ～ 4	2.2	3	1.3	5	0.1	21
5 ～ 9	2.0	2	0.6	4	0.2	9
10 ～ 14	1.8	2	0.7	3	0.2	8
15 ～ 19	2.5	3	1.6	4	0.3	8
20 ～ 24	3.9	3	2.7	4	0.7	5
25 ～ 29	5.2	3	3.8	4	1.4	5
30 ～ 34	10.2	2	5.5	4	2.3	5
35 ～ 39	19.4	2	9.6	4	5.9	5
40 ～ 44	35.9	1	15.4	3	10.6	5
45 ～ 49	70.2	1	24.9	3	19.2	4
50 ～ 54	134.5	1	40.3	2	30.3	4
55 ～ 59	218.1	1	60.1	2	43.4	3
60 ～ 64	343.9	1	93.2	2	64.0	3
65 ～ 69	503.4	1	144.7	2	102.0	3
70 ～ 74	779.1	1	250.4	2	190.4	3
75 ～ 79	1088.2	1	456.4	2	366.0	3
80歳以上	1643.5	1	1558.3	2	1224.3	4

資料　厚生労働省「人口動態統計」
注　0歳の死亡率は出生10万対である。

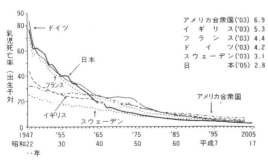

資料　厚生労働省「人口動態統計」
　　　WHO「World Health Statistics Annual」
　　　UN「Demographic Yearbook 2003」
　　　UN「Population and Vital Statistics Report」
注　1）ドイツの1990年までは旧西ドイツの数値である。
　　2）イギリスとフランスの2003年は暫定値である。

図8-4　乳児死亡率（出生千対）の国際比較

その主要な課題は①思春期の保健対策の強化と健康教育の推進　②妊娠・出産に関する安全性と快適さの確保と不妊への支援　③小児保健医療水準を維持・向上させるための環境整備　④子どもの心の安らかな発達の促進と育児不安の軽減で

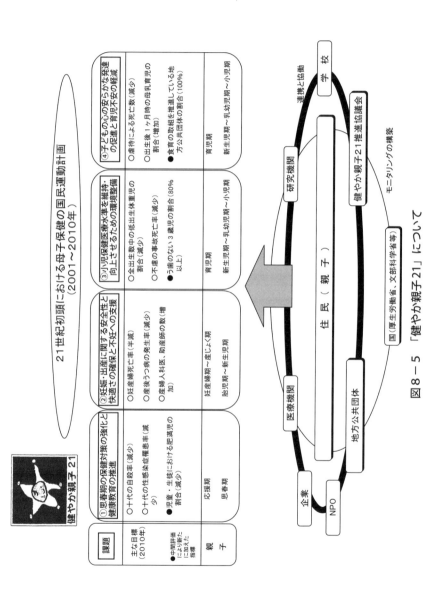

図8-5 「健やか親子21」について

ある⁽¹³⁾。

　しかし、現実には医療崩壊ともいえる事態が産科医療・小児医療の現場でおきていることを指摘しておきたい。たしかに、小児科医の数は平成8年13781人だったものが平成16年には14677人に増加しているが、病院小児科医の不足、産科医の不足があり、分娩施設は約3割も減少したといわれている。専門科目の偏在であり、地域の偏在が生じているのである⁽¹⁴⁾。

　私たちは今以上に子どもの医療や保健・福祉に多大な関心を払わなければ、子どもの健全な育ちを支えることはできないのではないだろうか。

【引用・参考文献】
（1）丹羽正子『病児・病後児保育に関する一考案』全国保育士養成協議会第46回研究大会、研究発表論文集、2007年、248頁
（2）Milton MayeroffOn Caring、田村真・向野宣之訳『ケアの本質』ゆみる出版　1987年、13～14頁
（3）中村満紀男・四日市章編『第一巻　障害科学とは何か』明石書店　2007年、27頁
（4）日野原重明『ケアの新しい考えと展開』春秋社、1999年、7頁
（5）佐藤久夫『障害者福祉論』誠信書房、1998年
（6）手塚直樹『障害者福祉とはなにか』ミネルヴァ書房、2002年
（7）城ヶ端初子編『ケアとケアリング』メディカ出版、2007年
（8）岩田俊『いま、子どもの「うつ」を考える』子ども白書2007　草土文化　2007年　101頁
（9）米山公啓『健康という病』　集英社　2000年　213頁
（10）柏熊岬二・米山岳広『青少年の保健と福祉』
　　　宮坂忠夫編『福祉と健康』大修館書店　1978年　122頁
（11）厚生の指標『国民衛生の動向』第54巻第9号2007年　49頁
（12）同前書　62頁
（13）同前書　94頁
（14）内海裕美『医学崩壊が止まらない』子ども白書2007　草土文化　2007年　107頁

■著者紹介
米山　岳廣（よねやま　たかひろ）

昭和23年　山梨県に生まれる
昭和46年　大正大学文学部社会学科卒業
昭和48年　大正大学カウンセリング研究科　修了
専 任 校　大正大学　副手・助手
　　　　　聖ヶ丘保育専門学校　専任講師
　　　　　立正大学短期大学部　専任講師・助教授
　　　　　鶴見大学女子短期大学部　助教授
　　　　　武蔵野女子大学　助教授・教授
　　　　　武蔵野大学（校名変更）教授　現在に至る
非常勤校　立正大学保育専門学校・横浜国際福祉専門学校
　　　　　日本女子体育短期大学・宝仙学園短期大学
　　　　　東京女学館短期大学・静岡県立大学短期大学部
　　　　　淑徳大学・関東学院大学・大妻女子大学
社会活動　埼玉県小川町老人保健福祉計画策定委員
　　　　　山梨県社会福祉協議会ボランティア活動推進委員会委員
　　　　　社会福祉法人　カナの会（埼玉県）評議員
　　　　　社会福祉法人　相思会（埼玉県）監事
　　　　　社会福祉法人　もくば会（東京都）理事・理事長
　　　　　社会福祉法人　一乗会（神奈川県）理事　現在に至る
　　　　　社会福祉法人　あすはの会（東京都）理事長　現在に至る
　　　　　学校法人　古木学園（神奈川）評議員　現在に至る

■研究業績
〔著書〕

1	講座　現代と健康別巻3「福祉と健康」	共著	昭和53年	大修館書店
2	「幼児保育学辞典」	共著	昭和55年	明治図書
3	「保健・医療と福祉の統合をめざして」	共著	昭和55年	垣内出版
4	「現代社会福祉の展開」	共著	昭和58年	学術図書出版社
5	「現代施設養護の展開」	共著	昭和59年	学術図書出版社
6	「保育・施設実習の理論と実際」	共編著	昭和59年	文化書房博文社
7	「社会福祉事業一般」	共著	昭和59年	東京丸の内出版
8	「児童福祉事業概論」	共編著	昭和59年	東京丸の内出版

9	「学生のための臨床心理学」	共著	昭和60年	学術図書出版社
10	「現代児童福祉の展開」	共著	昭和60年	学術図書出版社
11	「保育者への道」	共著	昭和60年	不昧堂出版
12	「明日の保育を考える」	共著	昭和61年	不昧堂出版
13	「現代社会福祉の探求」	共編著	昭和62年	不昧堂出版
14	「保育スーパービジョン」	共編著	昭和62年	学術図書出版社
15	「保育・社会福祉のための実習記録法」	共編著	昭和62年	文化書房博文社
16	「幼稚園・保育所・施設実習の手びき」	共編著	昭和63年	専門教育出版
17	「改訂増補版・現代児童福祉の展開」	共著	平成元年	芸術図書出版社
18	「社会福祉施設処遇研究の基礎」	共編著	平成元年	文化書房博文社
19	「生活論からの社会福祉」	共編著	平成2年	専門教育出版
20	「社会福祉の援助技術」	単著	平成2年	文化書房博文社
21	「社会福祉援助技術の探求」	共編著	平成3年	不昧堂出版
22	保育講座15「児童福祉」	共著	平成3年	ミネルヴァ書房
23	「施設実習マニュアル」	共著	平成4年	萌文書林
24	「社会福祉援助技術」	共著	平成4年	学友社
25	「これからの児童福祉」	共著	平成4年	専門教育出版
26	「はじめて施設に働くあなたに」	共著	平成4年	日本精神薄弱者愛護協会
27	「長期在院者の問題」	単著	平成4年	文化書房博文社
28	「児童福祉の援助技術」	単著	平成5年	文化書房博文社
29	「保育実習の探求」	単著	平成6年	文化書房博文社
30	「発達障害白書―1996年版」	共著	平成7年	日本文化科学社
31	「社会福祉Ⅱ」	共編著	平成7年	東京書籍
32	「社会福祉基本用語辞典」	共著	平成8年	川島書店
33	「子どもと福祉臨床」	共著	平成8年	北大路書店
34	「新教師のための福祉・就労ハンドブック」	共著	平成8年	日本文化科学社
35	「発達障害白書―1997年版」	共著	平成8年	日本文化科学社
36	「現代の社会福祉」	共著	平成9年	八千代出版
37	「生活・人間・福祉」	単著	平成9年	文化書房博文社
38	「発達障害白書―1998年版」	共著	平成9年	日本文化科学社
39	「知的障害者の文化活動」	単著	平成10年	文化書房博文社
40	「精神保健の基礎と実際」	共編著	平成10年	文化書房博文社

41	「ケアワークとソーシャルワーク」	共編著	平成10年	帝京印刷出版部
42	「改訂版 児童福祉の援助技術」	単著	平成11年	文化書房博文社
43	現代日本と仏教 第Ⅳ巻「福祉と仏教」	共著	平成12年	平凡社
44	「社会福祉」	共編著	平成12年	文化書房博文社
45	「児童・家族福祉の基礎と実際」	共編著	平成12年	文化書房博文社
46	「理解と共感の社会福祉」	単著	平成15年	文化書房博文社
47	「精神保健への道」	共著	平成15年	文化書房博文社
48	「社会福祉援助技術」	共著	平成16年	同文書院
49	「社会福祉の基礎と実際」	共編著	平成16年	文化書房博文社
50	「養護原理の基礎と実際」	共編著	平成16年	文化書房博文社
51	「保育実習の基礎と実際」	単著	平成17年	文化書房博文社
52	「障害者福祉論」	共編著	平成17年	ミネルヴァ書房
53	「児童福祉論」	共編著	平成17年	ミネルヴァ書房
54	「ボランティア活動の基礎と実際」	編著	平成18年	文化書房博文社
55	「養護内容の基礎と実際」	共編著	平成19年	文化書房博文社
56	「家族援助の基礎と実際」	共編著	平成19年	文化書房博文社
57	「社会福祉の基礎と実際」	共編著	平成20年	文化書房博文社
58	「改訂版 精神保健入門」	共著	平成20年	文化書房博文社
59	「病児と障害児の保育 基礎と実際」	共著	平成20年	文化書房博文社
60	「施設における文化活動の展開」	共著	平成21年	文化書房博文社
61	「改訂 社会福祉援助技術」	共著	平成22年	同文書院
62	「社会福祉施設の展望」	共編著	平成23年	文化書房博文社
63	「生活科教育の基礎と実際」	共編著	平成25年	文化書房博文社
64	「保育学の展望」	共編著	平成25年	文化書房博文社
65	「子ども・生活・福祉」	共編著	平成27年	文化書房博文社
66	「家族支援の実証的研究」	共著	平成29年	文化書房博文社

〔論文〕

1	「買いだめ行動の研究」	共著	昭和50年	大正大学研究紀要第61号
2	「精神科長期在院の問題」	単著	昭和51年	大正大学研究紀要第62号

3	「精神科長期在院者の実態」	共著	昭和53年	立正大学保育専門学校紀要第5号
4	「精神科長期在院の問題（Ⅱ）」	単著	昭和53年	大正大学カウンセリング研究所紀要創刊号
5	「儀礼的挨拶行動を手がかりとした対人関係の研究」	共著	昭和53年	大正大学カウンセリング研究所紀要創刊号
6	「精神科長期在院の問題（Ⅳ）」	単著	昭和54年	大正大学カウンセリング研究所紀要第2号
7	「保育者の意識と生活実態（Ⅰ）（Ⅱ）」	共著	昭和54年	立正大学保育専門学校紀要第6号
8	「児童の福祉と家族構造」	共著	昭和54年	東北社会福祉研究第10号
9	「精神障害者の社会復帰過程における生活実態」	共著	昭和54年	鴨台社会事業論集第4号
10	「保育者の意識と生活実態（Ⅲ）」	共著	昭和55年	立正大学保育専門学校紀要第7号
11	「特別養護老人ホームにおけるリハビリテーションの現状と問題」	共著	昭和56年	立正大学保育専門学校紀要第8号
12	「施設実習の現状と課題」	単著	昭和57年	鴨台社会事業論集第5号
13	「望ましい保育者の研究」	単著	昭和58年	大正大学カウンセリング研究所紀要第6号
14	「精神障害者をめぐる偏見とスティグマ」	単著	昭和59年	聖ヶ丘保育専門学校紀要第2号
15	「保育学生の意識の現状と保育者養成教育への提言」	単著	昭和61年	聖ヶ丘保育専門学校紀要第4号
16	「臨床場面への社会学理論導入の試み（Ⅰ）」	単著	昭和61年	聖ヶ丘保育専門学校紀要第5巻1号
17	「保育者の健康と生活構造」	単著	昭和63年	立正大学短期大学部紀要第23号
18	「保育者養成における実習評価の研究」	共著	平成元年	保母養成研究年報第6号
19	「心身障害児（者）の文化活動の意義と実状把握及び普及に関する研究」	共著	平成2年	平成元年度厚生省心身障害者研究報告書

20	「心身障害児（者）の文化活動のプログラム開発及び普及のための条件整備に関する研究―第１年度」	共著	平成３年	平成２年度厚生省心身障害研究報告書
21	「社会福祉援助技術現場実習の問題（Ⅰ）」	単著	平成３年	立正大学短期大学部紀要第28号
22	「施設実習マニュアル作成に関する研究」	共著	平成４年	保母養成研究年報第９号
23	「心身障害児（者）の文化活動のプログラム開発及び普及のための条件整備に関する研究―第２年度」	共著	平成４年	平成３年度厚生省心身障害研究報告書
24	「施設養護の歴史」	単著	平成４年	立正大学短期大学部紀要　第31号
25	「心身障害児（者）の文化活動のプログラム開発及び普及のための条件整備に関する研究―第３年度」	共著	平成５年	平成４年度厚生省心身障害研究報告書
26	「心身障害児（者）の文化活動に関する研究―第１年度」	共著	平成６年	平成５年度厚生省心身障害研究報告書
27	「介護福祉士養成教育システムにおける学校・在学生・実習施設三者の取組ならびに卒業生の実践課程に関する実証的調査研究」	共著	平成６年	ケアワーク教育研究会
28	「心身障害児（者）の文化活動に関する研究―第２年度」	共著	平成６年	平成６年度厚生省心身障害研究報告書
29	「心身障害児（者）の文化活動に関する研究―第３年度」	共著	平成８年	平成７年度厚生省心身障害研究報告書
30	「介護福祉士養成カリキュラムの現状と課題」	共著	平成８年	ケアワーク教育研究会
31	「ボランティア活動と福祉教育」	共著	平成10年	武蔵野女子大学紀要 VOL. 33
32	「教養教育の課題」	単著	平成11年	武蔵野女子大学紀要 VOL. 34
33	「介護福祉士養成教育の課題―特に教養教育について」	単著	平成12年	武蔵野女子大学文学部紀要第１号
34	「社会福祉のための生活構造論研究」	単著	平成14年	武蔵野女子大学短期大学部紀要第３号

35	「生活のケアと専門職」	単著	平成14年	幼児教育研究集録第24集
36	「社会福祉のための生活構造論研究（3）」	単著	平成15年	武蔵野女子大学短期大学部紀要第4号
37	「精神障害者の保健と福祉」	単著	平成15年	幼児教育研究集録第25集
38	「介護福祉士養成教育の課題」	単著	平成15年	教育学論説資料第20号第2分用
39	「家族援助論に関する研究Ⅰ」	共著	平成18年	児童学研究8
40	「保育士養成における家族援助論研究Ⅲ」	共著	平成20年	小田原女子短期大学研究紀要第38号
41	「保育所における家族援助の実態に関する研究」	共著	平成21年	湘北紀要第30号
42	「乳児院における家族援助の実態に関する研究」	共著	平成23年	武蔵野大学人間関係学部紀要第8号
43	「母子生活支援施設における家族援助の実態に関する研究」	共著	平成24年	武蔵野大学教職研究センター第1巻第1号
44	「母子生活支援施設における家族援助の実態に関する研究（Ⅱ）」	共著	平成25年	武蔵野大学教職研究センター第1巻第2号

〔その他〕

1	「大都市老人の生活と意識」	共著	昭和47年	杉並区
2	「大都市青少年の生活と行動」	共著	昭和48年	杉並区
3	「青少年の社会性の発達に関する研究」	共著	昭和48年	東京都
4	「市民意識調査報告書」	共著	昭和61年	富士見市
5	「市民福祉調査報告書」	共著	平成2年	幸手市社会福祉協議会
6	「ボランティア活動に対する県民の意識調査報告書」	単著	平成8年	山梨県社会福祉協議会

生活・福祉・保育——研究の軌跡——

2018年3月20日　初版発行
著　者　　米山岳廣
発行者　　鈴木康一
発行所　　株式会社文化書房博文社
　　　　　〒112-0015　東京都文京区目白台1-9-9
　　　　　電話 03(3947)2034／振替　00180-9-86955
　　　　　URL: http://user.net-web.ne.jp/bunka/

ISBN978-4-8301-1304-8 C0036　　　　　印刷・製本　シナノ印刷株式会社
乱丁・落丁本は、お取り替えいたします。

JCOPY <（社）出版者著作権管理機構 委託出版物>
　本書の無断複写は著作権法上での例外を除き禁じられています。複写される場合は、そのつど事前に、（社）出版者著作権管理機構（電話 03-3513-6969、FAX 03-3513-6979、e-mail: info@jcopy.or.jp）の許諾を得てください。

　本書のコピー、スキャン、デジタル化等の無断複製は著作権法上での例外を除き禁じられています。本書を代行業者等の第三者に依頼してスキャンやデジタル化することは、たとえ個人や家庭内での利用であっても著作権法上認められておりません。